문화문고 028

십구사략 1

十九史略

정광호 역

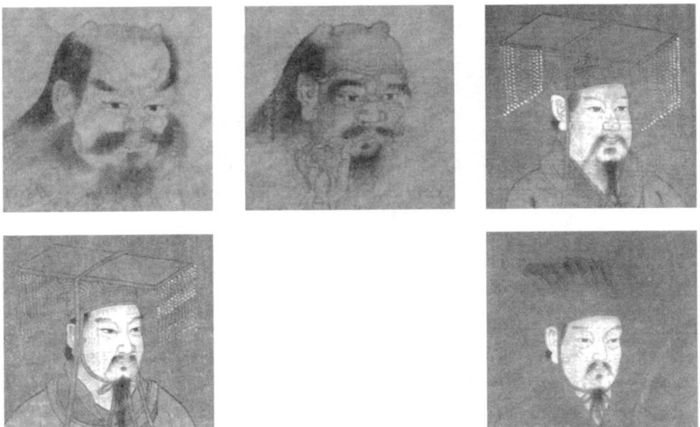

傳統文化研究會

문화문고 십구사략 1 정가 12,000원

2018년 8월 10일 초판 인쇄
2018년 8월 20일 초판 발행

번 역 정광호
편 집 남현희
교 정 곽성용
출 판 김주현
관 리 함명숙
보 급 서원영

발행인 이계황
발행처 (사)전통문화연구회
서울시 종로구 삼일대로 428 낙원빌딩 411호
전화 : 02-762-8401 전송 : 02-747-0083
사이버書堂 : cyberseodang.or.kr
온라인서점 : book.cyberseodang.or.kr
전자우편 : juntong@juntong.or.kr
등 록 : 1989. 7. 3. 제1-936호

인쇄처 : 한국법령정보주식회사(02-462-3860)
총 판 : 한국출판협동조합(070-7119-1750)

ISBN 979-11-5794-194-0 04910
978-89-91720-76-3(세트)

간행사

본회는 한국고전의 연구와 번역의 선결과제先決課題로, 동양고전의 협동연구번역과 on-off 라인을 통한 교육을 해온 지 20여 년이 되었다. 이는 우리의 역사歷史와 문화文化를 깊이 이해하기 위하여 동양의 역사와 문화를 총체적으로 조명하여야 한다는 취지에서이다.

그런데 동서양 고전에 대해서 그 중요성은 인정하고 있지만, 특히 한국과 동양의 한문고전은 지식인이나 일반인은 물론 전문가조차 해독하기 어려워 일본이나 중국의 번역본을 중역하는 상황이었고, 동양고전은 현대화가 늦어져 이제야 본격적인 작업을 하고 있다.

오늘날 각계의 교류가 긴밀히 이루어지면서 세계가 하나로 되는 상황에 이르러, 우리 국민의 역사 · 문화 의식이 한국에서 동양으로, 또 세계로 지향해야 하는 시급한 시대가 다가왔다.

그러나 세계로의 지향이 서구화의 다른 이름이고 우리로서는 허상일 수 있음을 주의해야겠지만, 우리와 동양의 자주성과 자존의 아집도 경계하여 새로운 그 무엇을 그려내야 할 것이다. 이를 위해서는 일차적으로 한韓 · 중中 · 일日이 삼국양립三國兩立에서 발전하여 삼국정립三國鼎立을 이룸으로써, 치욕의 역사에서 벗어나 안정과 발전의 기반을 마련해야 할 것이다.

본회는 이러한 상황에서 1차적인 준비로 '동양문화총서'를 몇 권 간행한 바 있으나, 이 계획의 충실을 기하기 위해서는 한 손에는 연구, 다른 한 손에는 보급이라는 과제를 좀 더 확실히 해결하지 않으면 안 된다. 이러한 문화 보급의 취지에서 앞으로 국민의 전체적인 수준 향상을 위하여 '사서四書'의 문고화를 시작으로, 우리와 동양에서부터 서양의 고전과 인물과 문화에 관한 '문화문고' 간행의 출발점으로 삼고자 하는 것이다.

대체로 문고는 연구서에 비하면 2차적 작품이므로, 해석과 주석 등을 본문에 녹여서 중등학생 수준의 독자가 읽어서 이해되도록 하려고 한다. 그러나 특수한 분야나 전문적인 것도 필요한 것이다. 또한 시대에 부응하여 편리하며 염가로 읽힐 수 있는 '전자출판'도 겸행할 예정이다.

구미歐美의 유명한 문고본이 끼친 세계 문화적 영향이나, 이웃 일본의 교양과 지식이 이와나미문고岩波文庫에서 나왔다는 사실을 기억해야겠다. 우리나라의 문고본은 그간 부침浮沈이 있었으나, 여러분의 서가에도 상당수 있듯이 그 공헌은 인정하지 않을 수 없다.

앞으로 우리는 동양고전의 번역 및 교육사업과 함께 통섭적統攝的 방법으로, 국가경쟁력을 키우고 문예부흥을 개막하는 계획의 꿈도 이루기 위하여 지혜를 모아 헌신할 것을 다짐하며, 이에 각계의 관심과 지원을 기대한다.

전통문화연구회 회장 이계황

《십구사략十九史略》 해제

1. 개요

《십구사략十九史略》은 송말원초宋末元初의 학자 증선지曾先之가 지은 사서史書 《십팔사략十八史略》에 명明나라의 여진余進이 원사元史를 덧붙여 완성한 책이다. 원래 《십팔사략》은 중국의 정사正史 17종과 송宋나라의 역사, 기타 야사野史 등을 인용하여 태고太古부터 송나라까지의 역사를 요약한 것이다. 이 책은 풍속의 교화를 목표로 하는 유학儒學 사상의 교훈적 성격을 지니고 있었으므로, 어린 아이를 가르치기 위한 몽학서蒙學書의 사史 분야를 담당하며 널리 읽혔다.

15세기 중반 명나라에서 간행된 《십팔사략》과 《십구사략》 두 종은 조선과 일본에 유입되어 각자의 기호에 따라 사용되었다. 조선에서는 시간이 흐르며 《십구사략》으로 전용專用되었는데, 바로 주자학朱子學을 숭상하여 유학적 정통正統을 계승하고자 한 조선 사대부士大夫들의 인식과 관련이 깊다. 이는 명나라가 멸망한 뒤 기존 《십구사략》에 명사明史를 덧붙여 송 – 원 – 명의 계보를 잇는 또 다른 《십구사략》을 완성한 것에서도 증명된다. 《십구사략》은 유학이 쇠퇴하면서 수요가 점차 줄었다가, 근래 고전古典과 역사에 대한 관심이 증대됨에 따라 중국사를 개괄하는 대중

서로서 다시 주목을 받고 있다.

2. 저자

《십팔사략》의 저자는 증선지曾先之로 여릉廬陵 사람이며, 자字는 종야從野이다. 스스로를 '전진사前進士'라고 칭하였는데, 이전 왕조(송宋)의 진사進士라는 뜻으로 새로운 왕조(원元)를 섬기지 않고 멸망한 조국에 의리를 지키고자 했던 것이다. 그가 경정景定 5년(1264) 예부시禮部試에 낙제하여 진사進士가 되지 못하고 공사貢士에 머물렀다는 설과 함순咸淳 1년(1265) 진사進士에 올랐다는 설 등 이력에 관련된 몇 가지 이견이 있으나, 그의 생애에 대해 공신할 만한 기록은 전하지 않는다.

증선지의 사적事跡이 남아 있지 않은 이유는 당시 시대적 분위기를 보아도 짐작할 수 있다. 오랑캐라 여겼던 원나라의 지배를 받은 남송의 사대부들은 원나라 조정에서 벼슬하는 것을 수치로 여겼고, 차라리 은거하여 후사後嗣를 기르며 송나라의 전통을 지키고자 하였기 때문이다. 증선지도 강남江南의 처사處士 가운데 하나로 이러한 분위기 속에서 은거하며 《십팔사략》 저술에 힘을 쏟았으므로 당대의 사적에 남지 못했던 것으로 보인다. 증선지 사후 《십팔사략》은 원元·명明나라를 거쳐 여러 학자들에 의해 수정·증보되었으며, 조선과 일본에까지 전파되어 큰 영향을 주었다.

3. 서지사항

《십팔사략》의 저작 연대를 정확하게 파악할 수는 없으나, 증선지의 생몰년을 기준해보면 원나라 초기인 13세기 초로 추정된다. 《십팔사략》이 처음 판각된 것은 지정至正 2년(1342) 사명군四明郡의 어느 학교에서였다. 그러나 당시에는 주목을 받지 못하다가 명明나라 학자 진은陳殷에 의해 홍무洪武 5년(1372) 처음으로 《십팔사략》에 음석音釋(독음과 주석)이 더해졌다. 진은이 지은 〈사략서史略敍〉에 의하면, 증선지는 중국의 정사 18종 가운데 풍교風教에 관련된 내용을 뽑아 작성하였다고 하며, 이에 자신은 당시 학자들이 한자漢字를 판독하거나 해석하는 방법이 잘못되었다고 생각하여 《십팔사략》에 음석을 더한다고 하였다. 증선지가 처음 《십팔사략》을 편찬할 당시에 인용한 서목을 기록해놓지 않았으므로, 〈사략서〉에 의거하여 서목을 나열해보면 다음과 같다.

> 《사기史記》, 《한서漢書》, 《후한서後漢書》, 《삼국지三國志》, 《진서晉書》, 《송서宋書》, 《남제서南齊書》, 《양서梁書》, 《진서陳書》, 《위서魏書》, 《북제서北齊書》, 《주서周書》, 《수서隋書》, 《남사南史》, 《북사北史》, 《당서唐書》, 《오대사五代史》, 《송감宋鑑》 등 제서諸書

증선지의 생전에는 송나라가 멸망한 지 얼마 지나지 않아 《송사宋史》가 완성되지 않았으므로, 송나라에 해당하는 역사는 《송

감宋鑑》 등 관련 서적을 참고한 것으로 보인다. 그러나 실제 《십팔사략》에는 18종 사서史書 외에도 각종 야사野史에서 채록된 내용이 포함되어 있는데, 이를 보면 증선지가 고식적古式的인 정사의 내용에만 국한된 것이 아니라 대중서를 지향한 쉬운 역사를 작성하고자 했던 것임을 알 수 있다.

이후 왕봉王逢이 영락永樂 15년(1417) 《십팔사략》에 대한 점교點校(점검과 교정)를 실시하고, 유섬劉剡이 수정을 가하였으며, 정통正統 2년(1436) 하경춘何景春이 건양현建陽縣의 승丞으로 재직하던 중 출판업자를 통해 책을 간행하였는데 이것이 바로 《입재선생표제해주음석십팔사략立齋先生標題解註音釋十八史略》이다. 이것이 바로 《십팔사략》의 통행본이 되었고, 이후 왕봉의 문인인 여진余進이 정통 11년(1446)에 《고금역대표제주석십구사략통고古今歷代標題註釋十九史略通攷(이하 '십구사략'으로 약칭)》를 완성하였다. '통고通攷'라는 표현 그대로 여진은 《십구사략》의 사료들을 두루 교정·주석하여 총 8권 7책으로 편성하였다.

4. 세부내용 및 유통

《십구사략》은 천황씨天皇氏로 시작하는 태고太古 시기부터 삼황오제三皇五帝를 지나 원元나라 마지막 황제인 혜종惠宗까지를 기록하고 있다. 통행본 《십구사략》의 목차를 살펴보면 권1 〈태고太古, 삼황三皇, 오제五帝, 하夏, 은殷, 주周, 춘추시대春秋時代〉, 권2 〈진秦, 서한西漢〉, 권3 〈동한東漢, 삼국三國, 서진西晉〉, 권4 〈동진東

晉, 남북조南北朝, 수隋〉, 권5 〈당唐〉, 권6 〈오대五代, 송宋〉, 권7 〈남송南宋〉, 권8 〈원元〉 등 총 20개의 편으로 구성되어 있다.

《십구사략》은 요점을 중심으로 중국사를 단기간에 읽을 수 있다는 것이 큰 장점으로 여겨졌다. 그러나 정사가 한족漢族의 역사를 중심으로 기록된 탓에 중국 본토 외 세력에 대한 역사 기술, 대표적으로 북조北朝에 관련된 기사가 남조南朝에 비해 소략한 등의 한계를 지닌다. 이는 당초 정사 기록의 주체를 한족으로 설정한 것이 큰 이유이지만, 실제로는 증선지가 《십팔사략》을 편찬할 당시 전문적인 역사서의 성격을 취하지 않고 초학자를 위한 교육서로 만들었기 때문이다.

또 주목할 점은 《십구사략》 권3에서 삼국시대를 가리키는 목차가 '삼국三國 : 부위오附魏吳('촉한蜀漢'으로 된 판본도 있음)'로 설정되어 있는 것이다. 이는 본래 증선지가 편명을 '삼국三國 : 위촉오魏蜀吳'로 설정하고, 《삼국지三國志》를 지은 진수陳壽의 사관을 이어받아 조조曹操의 위魏나라를 정통으로 여긴 것과 상반된다. 그러나 송대宋代 유학에서 등장하여 주자朱子의 《자치통감강목資治通鑑綱目》으로 드러난 정통론正統論은 한漢나라의 정통을 계승한 나라를 유비劉備의 촉蜀나라로 보았다. 이러한 역사 인식을 《십팔사략》 수정의 마지막을 담당했던 유섬劉剡이 반영하여 바꾸어놓은 것이다. 이는 단순한 편명의 대체가 아니라 편집자의 의도가 반영된 사안으로서, 훗날 조선에서 송 - 원 - 명으로 이어지는 정통론을 수립하기에 적합한 《십구사략》이 유행하게 된 계기가 되었다.

한편 명나라와 긴밀한 관계를 유지하고 있던 조선에는 《십팔사략》과 《십구사략》이 이른 시기에 유입되었다. 《조선왕조실록朝鮮王朝實錄》 태종太宗 3년(1403) 기사에 처음으로 《십팔사략》이 등장하며, 《십구사략》은 성종成宗 23년(1492) 기사에 보인다. 그러나 두 종이 비슷한 시기에 유입되었고, 여러 기록에서 두 종을 모두 '사략史略' 또는 '사史'라고만 칭하는 경우도 종종 발견되어 어느 시점을 기준으로 조선에서 《십팔사략》이 《십구사략》으로 대체되었는지는 정확히 알 수 없다. 다만 조선 초에 간행된 《역대십팔사략歷代十八史略》(전10책)이 현재 일본에 소장되어 있고 이밖에 우리나라에서 '십팔사략'으로 된 서명의 고서가 발견되지 않는 것을 보면, 《십팔사략》은 양란兩亂을 전후하여 대부분 유실되거나 반출되었고 이후 더 포괄적인 내용을 담은 《십구사략》으로 대체된 것으로 보인다.

조선에서 주로 《십구사략》이 유통된 이유는 앞서 언급했던 것처럼 명나라를 정통으로 하는 중화中華 의식에서 비롯하였다. 유학을 존숭하였던 조선에서는 촉한蜀漢을 정통으로 여긴 주자朱子의 사상을 계승하였고, 오랑캐로 여기던 청淸나라에 의해 명나라가 멸망하자 명사明史를 추가로 넣어 간행하는 등 유가적 정통성을 강조한 역사관을 지향하였다. 이윤석의 선행 연구에 의하면 조선에 세 개의 《십구사략》 판본이 유행하였는데, 그중 대표적인 통행본이 바로 정조正祖 시기 정창순鄭昌順이 기존 《십구사략》에

'명사明史'를 붙여 총 20종의 정사로 완성한 것이었다. 유교적 사유와 정통론에 입각한 역사의식이 창출해낸 새로운 《십구사략》의 보급이었다.

그 밖의 《십구사략》의 대대적인 유통은, 19세기 중반 상업출판물로서의 방각본坊刻本 《십구사략》이 등장하면서부터 시작되었다. 주목할 점은 이때 제작·유통된 것이 대체로 《십구사략》 완질이 아니라 1책(권1~2, 3) 또는 권1에 그친다는 것이었다. 이에 대하여 이윤석의 선행 연구에서는 몽학 교재로 사용되는 특징상 완질이 필요하지 않으며, 1책의 내용이 유가儒家에서 중시하는 시기(태고太古~삼국시대)를 충분히 다루고 있기 때문인 것으로 분석하였다. 《사략언해史略諺解》가 권1~3까지만 간행·유포된 이유도 이 사실을 증빙한다고 할 수 있다.

한편 중국에서는 증선지가 기록을 선별하고 편차한 기준이 분명하지 못하고, 전문 사서로서의 성격이 부족하다는 등의 이유로 조선과 일본에 비해 널리 유행하지 못하였다. 일본에는 아시카가 막부〔足利幕府〕가 집권하던 말기(16세기 중반)에 《십팔사략》이 조선을 거쳐 유입되었으며, 각 번藩의 번교藩校에서 각지의 향숙鄕塾에 이르기까지 초학자의 입문 필독서가 되어 크게 유행하였다. 그러나 조선과 달리 명사明史를 포함한 형태로까지는 발전하지 않았는데, 이는 주자학에 심취하지 않았던 당대 일본의 사상이 작용했던 것으로 보인다. 메이지〔明治〕 시대부터 한문 교육용으로 사용되었으나 점차 동양사를 다룬 책이 다수 등장하면서

도태되었다가, 근래에 다시 일본의 대표 교양서 중 하나로 여겨지고 있다.

5. 문고본 《십구사략十九史略》

살펴본 것처럼 조선에서는 어린 아이에게 중국사를 가르치기 위한 기초 교재로서 《십구사략》이 유행하였다. 그러나 이와 반대로 현재 대중의 인식에는 '십구사략'이 생소하고 '십팔사략'이 익숙한데, 그 이유는 일본의 영향이 크다고 할 수 있다. 조선이 일제에 의해 멸망한 뒤로 차츰 서당이 사라지고 유학이 쇠퇴하면서 《십구사략》의 소비가 점차 줄어들었기 때문이다. 근래 고전과 역사에 대한 관심이 고조되면서 사史 분야를 담당하는 서목으로 주목을 받았으나, 한자문화권의 공통된 사료로서 재등장한 것은 일본에 의해 역수입된 《십팔사략》이었다.

이에 본서는 서명을 《십구사략》으로 설정하여 조선시대 학자들이 지향하였던 역사의식을 반영하고자 하였다. 현재 시중에 유통되고 있는 번역서는 모두 《십팔사략》을 다루고 있어 그 시기 또한 남송南宋에 그치므로, 우리나라에서 읽었던 것과는 차이가 있다. 게다가 조선 후기 이후로 기존 《십구사략》에 명나라의 역사를 덧붙인 조선만의 독특한 판본이 유행하였던 것을 보아도 우리가 주목해야 할 서종은 《십구사략》이라야 할 것이다. 본서는 일반 대중의 교양 증진을 위한 작업의 일환으로 《십구사략》을 저본으로 하여 본문만을 번역하였으나, 내용상 난해한 부분에서는 해당 주석을 번역에 반영하기 위해 노력하였다. 《십구사략》 일독을 통해 중국사의 전반을 개괄함으로써, 역사서의 원전原典을 이해하는 기틀을 마련할 수 있을 것으로 기대한다.

○ 참고문헌

〈판 본〉

- 《고금역대표제주석십구사략통고古今歷代標題註釋十九史略通攷》, 국립중앙도서관 소장(한貴古朝50-118).
- 《고금역대표제주석십구사략통고古今歷代標題註釋十九史略通攷》, 1819, 국립중앙도서관 소장(한古朝50-13).
- 《고금역대표제주석십구사략통고古今歷代標題註釋十九史略通攷》, 1832, 국립중앙도서관 소장(古221-3).
- 《입재선생표제해주십팔사략立齋先生標題解註十八史略》, 명明 영종英宗 정통正統 6년(1441), 일본 국회도서관 소장.

〈번역서〉

- 장기근, 《신완역 십팔사략》(전2권), 명문당, 2006.
- 임동석, 《십팔사략》(전7권), 동서문화사, 2009.
- 중야안重野安, 《십팔사략》, 《한문대계漢文大系》 5~6, 부산방富山房, 1984.
- 임수일林秀一, 《십팔사략》, 《신석한문대계新釋漢文大系》 20~21, 명치서원明治書院, 1996.

〈논 문〉

- 김윤수, 〈《십구사략》의 원류源流와 한국적韓國的 전개展開(상上)〉, 《서지학보》 6, 한국서지학회, 1991.
- ______, 〈《십구사략》의 원류源流와 한국적韓國的 전개展開(하下)〉, 《서지학보》 7, 한국서지학회, 1992.
- 이윤석, 〈방각본 《십구사략》 간행의 양상과 의미 – 1권을 중심으로〉, 《동방학지東方學志》 168, 연세대학교 국학연구원, 2014.
- 장인진, 〈경상감영판 《십구사략통고十九史略通攷》의 문헌적 연구〉, 《대동한문학회지》 45, 대동한문학회, 2015.

일러두기

1. 본서는 동서양東西洋의 중요한 고전古典, 인물人物, 문화文化에 관한 모든 국민의 교양도서로, 미래 한국의 양식良識 기반을 구축하기 위한 문화문고文化文庫이다.
2. 본서는 조선朝鮮 순조純祖 19년에 판각한 《고금역대표제주석십구사략통고古今歷代標題註釋十九史略通攷》(1819, 국립중앙도서관 소장본, 한古朝50-13)를 저본으로 하였으며, 난해한 용어나 개념을 쉽게 풀어써서 내용의 이해를 원활하게 하였다.
3. 이해가 어려운 부분은 의역意譯 또는 보충역補充譯을 하고 주요한 내용은 주석註釋을 첨가하였다.
4. 관련 도판圖版 자료를 함께 수록하여 내용의 이해를 도왔다.
5. 전문용어, 고유명사, 명구名句, 격언格言, 고사성어故事成語 등은 독자의 이해를 돕기 위하여 한자漢字를 병기하였다.
6. 본서에 사용된 주요 부호符號는 다음과 같다.

   “ ” : 대화, 인용

   ‘ ’ : 재인용, 강조

   ( ) : 간단한 주석註釋

   《 》 : 서명書名

〈　〉: 편장명篇章名, 작품명作品名 보충역補充譯

〔　〕: 관용구慣用句, 보충 원문原文

목 차

〔부 록〕

십구사략 권1

1. 태고太古

천황씨天皇氏는 목덕木德[1]으로 왕 노릇 하여 섭제격攝提格[2](인년寅年)으로 기원을 삼았다. 그가 직접 다스리지 않아도 백성들이 저절로 감화되니 그의 형제 12명이 각각 18,000년을 다스렸다.

지황씨地皇氏는 화덕火德[3]으로 왕 노릇 하여 형제 11명이 또한 각각 18,000년을 다스렸다.

인황씨人皇氏는 형제 9명이 구주九州[4]를 분할하여 통치하였는데, 세대가 무릇 150세世에 햇수가 도합 45,600년이었다.

인황씨 이후에 유소씨有巢氏가 있어, 나뭇가지를 얽어 새 둥지 같은 집을 만들고 나무 열매를 먹었다. 수인씨燧人氏에 이르러

---

1) 목덕木德 : 오행五行(금金 · 목木 · 수水 · 화火 · 토土) 가운데 '목木'의 덕德이다. '목木'이 오행상생설五行相生說에서 첫 번째 덕이므로, 중국 최초의 임금인 천황씨에 배합한 것이다.

2) 섭제격攝提格 : '섭제攝提'는 고갑자古甲子에서 지지地支의 '인寅'을 가리키니, 곧 '인년寅年'을 기원으로 삼았다는 말이다.

3) 화덕火德 : 오행五行 가운데 화火의 덕德이다. 오행상생설五行相生說에서 '목木이 화火를 낳는다.〔木生火〕'고 하였으므로, 지황씨를 화덕火德에 배합한 것이다.

4) 구주九州 : 기冀 · 연兗 · 청靑 · 서徐 · 양揚 · 형荊 · 예豫 · 양梁 · 옹雍 등 아홉 개의 주州를 이른다.

처음으로 나무를 뚫어 마찰해서 불을 일으키고 사람들에게 화식火食하는 법을 가르쳤다. 그러나 이것은 모두 문자文字가 만들어지기 이전의 일이라 연대年代와 도읍都邑의 위치 등은 상고할 수 없다.

2. 삼황三皇

1) 태호 복희씨太昊伏羲氏

태호 복희씨太昊伏羲氏는 풍성風姓이고 그 형상은 뱀의 몸에 사람의 머리이니, 수인씨燧人氏를 대신하여 왕 노릇을 하였다. 처음으로 팔괘八卦[5]를 그렸으니, 문자를 만들어서 그동안 매듭을 지어 의사를 전달해 다스리던 것〔結繩之政〕을 대신하였고, 시집가고 장가가는 제도를 만들어 사슴 가죽〔儷皮〕으로 폐백을 삼았다. 그물을 만들어서 짐승을 사냥하고 물고기를 잡는 방법을 가르치고, 희생으로 쓸 짐승을 길러서 포주庖廚를 충당하였다. 그러므로 그를 포희庖犧라고 하였다. 이때 용龍에 관련된 상서祥瑞가 있었기 때문에 '龍'자를 관직의 이름에 붙여 그 수장을 용사龍師라 하였

5) 팔괘八卦 : 건乾 · 곤坤 · 리離 · 감坎 · 진震 · 손巽 · 간艮 · 태兌 등 여덟 개의 괘를 이른다.

태호 복희씨太昊伏羲氏

다.[6] 목덕木德으로 왕 노릇 하여 진陳에 도읍하였다. 포희가 죽고 여와씨女媧氏가 서니 또한 풍성風姓이며, 목덕木德으로 왕 노릇 하여 처음으로 생황笙簧을 만들었다. 여와씨가 죽은 뒤에 공공씨共工氏 · 대정씨大庭氏 · 백황씨栢皇氏 · 중앙씨中央氏 · 역륙씨歷陸氏 · 여련씨驪連氏 · 혁서씨赫胥氏 · 존려씨尊廬氏 · 혼돈씨混沌氏 · 호영씨昊英氏 · 주양씨朱襄氏 · 갈천씨葛天氏 · 음강씨陰康氏 · 무회씨無懷氏 등이 있어 풍성風姓을 가진 자들이 왕위를 계승한 것이 모두 15세

---

6) 이때……하였다 : 복희씨伏羲氏가 천명天命을 받았을 때 용마龍馬가 하도河圖를 지고 황하黃河에서 나오는 길조가 있었다.

世이다.

2) 염제 신농씨炎帝神農氏

염제 신농씨炎帝神農氏는 강성姜姓이고 그 형상은 사람의 몸에 소의 머리이니, 풍성風姓을 이어 왕위에 서서 화덕火德으로 왕 노릇 하였다. 나무를 깎아 보습을 만들고 나무를 구부려 쟁기를 만들어서, 처음으로 경작하는 방법을 가르치고 사제蜡祭[7]를 지내게

염제 신농씨炎帝神農氏

7) 사제蜡祭 : 납향제臘享祭이다. 납일臘日에 한 해 동안의 농사 형편과 그 밖의 일을 신에게 알리는 제사이다.

하였다. 또 붉은 채찍으로 초목을 후려쳐 온갖 풀을 맛보고서 처음으로 의약을 만들었다. 사람들에게 낮에 시장을 만들어 교역을 하고 돌아오게 하였다. 진陳에 도읍하였고 뒤에 곡부曲阜로 옮겼다. 제승帝承 · 제림帝臨 · 제칙帝則 · 제백帝百 · 제래帝來 · 제양帝襄 · 제유帝楡 등이 서로 왕위를 전하니, 강성姜姓은 모두 8세世에 역년이 520년이었다.

3) 황제 헌원씨黃帝軒轅氏

황제 헌원씨黃帝軒轅氏는 공손성公孫姓 혹은 희성姬姓이며 이름이 헌원軒轅이니, 유웅국有熊國의 임금 소전少典의 아들이다. 그의 어머니가 큰 번갯불이 북두칠성의 첫 번째 별〔樞星〕을 휘감는 것을 보고서 감응하여 황제를 낳았다. 염제炎帝 후대에 세도世道가 쇠미해져 제후들이 서로 침략하자, 헌원씨가 무력을 동원하여 조공朝貢하지 않는 자들을 정벌하니 제후들이 모두 그에게 귀복歸伏하였다. 그 후 판천阪泉의 들판에서 염제炎帝와 싸워 이겼다. 치우蚩尤가 반란을 일으켰는데 그는 이마가 구리와 쇠로 되어 있었고 큰 안개를 일으킬 수 있었다. 헌원씨가 지남거指南車를 만들어 탁록涿鹿의 들판에서 싸워 그를 사로잡고 마침내 염제를 대신하여 천자가 되었다.

헌원씨는 토덕土德으로 왕 노릇 하고, '운雲'자를 관직의 이름에 붙여 그 수장을 운사雲師라 하였다.[8] 풍후風后를 재상으로 삼고 역목力牧을 장군으로 삼았다. 하도河圖를 얻고, 해와 달, 별의 형

황제 헌원씨黃帝軒轅氏

상을 보고 처음으로 천문서天文書를 만들었고, 대요大撓에게 명하여 두건斗建으로 점을 쳐서 갑자甲子를 만들게 하였으며,[9] 용성容成에게 역법曆法을, 예수隷首에게 산법算法을, 영륜伶倫에게 율려律呂[10]를 만들게 하였다. 의복의 장식을 만들어 귀천貴賤을 드러내

---

8) 헌원씨는……하였다 : 황제黃帝가 천명을 받을 때에 상서로운 구름이 나타나는 길조가 있었다.

9) 두건으로는……하였으며 : '두건斗建'은 북두칠성의 자루가 왼쪽으로 회전하여 가리키는 별의 방향으로, 그 방향이 매달 다르기 때문에 그것을 보고서 십간十干과 십이지十二支를 정하였다. 십간과 십이지를 순차로 배합하여 예순 가지로 늘어놓은 것이 '갑자甲子'이다.

고, 배와 수레를 만들어 길이 통하지 않던 곳을 다닐 수 있게 하였으며, 들을 구획하고 고을을 나누어 사방 100리 되는 나라 1만 구區를 얻으니, 먼 오랑캐 나라들이 모두 조공을 바쳤다. 황제가 죽고 25명의 아들이 있었는데 성姓을 하사받아 토지를 차지한 자는 14명이었다.

3. 오제五帝

1) 소호 김천씨少昊金天氏

소호 김천씨少昊金天氏는 이름이 현효玄囂이고, 황제黃帝의 아들이다. 혹은 청양靑陽이라고도 한다. 그가 즉위할 때에 마침 봉새가 나타났으므로 '조鳥'자를 관직의 이름에 붙였다.

2) 전욱 고양씨顓頊高陽氏

전욱 고양씨顓頊高陽氏는 창의昌意의 아들이며 황제黃帝의 손자이다. 소호씨少昊氏의 치세가 쇠하자 구려족九黎族이 덕을 어지럽혔는데, 백성과 신이 뒤섞여 만사를 분별할 수 없었다. 전욱이 왕위를 이어받고서 마침내 명령을 내려 남정南正 벼슬에 있던 중重

10) 율려律呂 : 십이율十二律을 가리킨다.

에게 천관天官을 맡아 신에 관한 일을 보게 하고, 화정火正 벼슬에 있던 려黎에게 지관地官을 맡아 백성에 관한 일을 보게 하여 서로 침범함이 없게 하였다. 처음으로 역법曆法을 만들어 정월正月로 첫 달을 삼았다.

소호 김천씨少昊金天氏

전욱 고양씨顓頊高陽氏

3) 제곡 고신씨帝嚳高辛氏

제곡 고신씨帝嚳高辛氏는 현효玄囂의 손자이며, 황제黃帝의 증손이다. 나면서부터 신령한 지혜가 있어 스스로 자기의 이름을 말하였다. 전욱顓頊을 대신해 왕 노릇 하여 박亳에 도읍하였다.

제곡 고신씨帝嚳高辛氏

4) 제요 도당씨帝堯陶唐氏

제요 도당씨帝堯陶唐氏는 이기성伊祈姓이며 혹자는 이름이 방훈放勛이라고 하니, 제곡帝嚳의 아들이다. 그 인덕仁德이 하늘같이 크고 지덕知德은 신처럼 영명하여, 백성들이 겨울날 햇볕을 향하듯이 그에게 나아가고, 가뭄에 비구름을 바라듯이 그를 바라보았다. 화덕火德으로 왕 노릇 하여 평양平陽에 도읍하였는데, 지붕을 띠풀로 이고는 가지런하게 자르지도 않았고, 흙섬돌 세 계단을 쌓을 뿐이었다. 그의 집 뜰에 풀포기가 하나 있었는데, 15일 이

전에는 하루 한 잎이 나고 15일 이후에는 하루 한 잎씩 떨어지다가, 그 달이 작은 달(29일)로 끝날 때에는 한 잎이 누렇게 시든 채로 떨어지지 않았다. 그리하여 이 풀을 명협蓂莢이라 부르고 그 잎을 관찰하여 순일旬日(10일)과 삭일朔日(1일)을 알아냈다.

천하를 다스린 지 50년이 되었으나 그는 천하가 잘 다스려지고 있는지의 여부를 알지 못하였고, 또 천하의 백성들이 그를 임금으로 받들고자 하는지의 여부도 알지 못했다. 이를 측근에 물

제요 도당씨帝堯陶唐氏

어도, 외조外朝[11]에 물어도, 재야에 물어도 모두 모른다고 하였다. 이에 미복微服 차림으로 큰 길거리에 나가 아이들이 부르는 노랫말을 들어보니 다음과 같았다.

우리 백성이 잘 먹고 사는 것은
모두 임금님의 덕 아님이 없으니
알 것도 없고 들을 것도 없이
임금님의 법칙에 따를 뿐이네

또 어떤 노인이 배불리 먹고 배를 두드리며 발장단에 맞추어 노래를 하니 다음과 같았다.

해 뜨면 밭에 나가 곡식을 거두고
해 지면 들어와 이 몸을 쉬도다
우물 파 물 마시고 밭 갈아 밥 먹으니
임금의 힘이 나에게 무슨 상관 있으랴

요가 화華 지역을 유관遊觀할 때, 그 지역의 봉인封人[12]이 다음

---

11) 외조外朝 : 내조內朝 · 치조治朝 · 외조外朝를 삼조三朝라 하였는데, 내조는 천자의 거처, 치조는 정사를 보는 곳, 외조는 비상시에 만민을 모아 자문咨問하는 곳이었다.
12) 봉인封人 : 봉역封域(국경)을 지키는 사졸을 이른다.

과 같이 말했다.

"아! 성천자聖天子께 축수를 하기를 청합니다. 성천자께서는 부디 장수와 부유함, 많은 아들을 낳는 복을 누리소서."

요가 대답하였다.

"사양하오. 아들이 많으면 두려운 일이 많고, 부유하면 사업이 번잡하며, 장수하면 욕된 일이 많은 법이오."

봉인이 또 말하였다.

"하늘이 사람을 낼 때엔 반드시 그에 맞는 직사職事를 주는 법입니다. 아들이 많아도 이들에게 직사를 주면 무슨 두려움이 있겠으며, 부유해도 사람들에게 이를 나누어주면 무슨 번잡한 사업이 있겠습니까. 천하에 도道가 행해지면 만물과 함께 번영하고 천하에 도가 없어지면 덕을 닦아 유유자적하며, 천세千歲 후에 세상이 싫어지거든 속세를 떠나 하늘로 올라가 저 흰 구름을 타고 제향帝鄕으로 가신다면 무슨 욕된 일이 있겠습니까."

요가 즉위한 지 72년에 9년간의 대홍수가 있어 곤鯀에게 이를 다스리게 하였는데, 9년 동안 아무런 성과가 없었다. 요도 연로하여 직사에 부지런히 임할 수가 없으므로 사악四嶽[13]이 순舜을 천거하여 천자의 일을 섭행攝行하게 하였다. 요의 아들 단주丹朱가 불초不肖하였기 때문에 순을 하늘에 천거하니, 요가 죽자 순이

13) 사악四嶽 : 사방四方 제후諸侯의 일을 총괄하던 관직이다.

즉위하였다.

5) 제순 유우씨帝舜有虞氏

제순 유우씨帝舜有虞氏는 요성姚姓이고, 혹자는 이름이 중화重華라고 하니, 고수瞽瞍의 아들이며 전욱顓頊의 6세손이다. 그 아버지가 후처에게 미혹되어 막내아들 상象을 사랑한 나머지 항상 순舜을 죽이려 하였으나, 순이 효도와 공경의 도〔孝悌之道〕를 다하여 점차 이끌어 그들이 간악한 데 이르지 않도록 하였다.

제순 유우씨帝舜有虞氏

순舜이 효孝와 덕德으로 소문나다

그가 역산歷山에서 농사를 지을 때에는 백성들이 모두 논밭 경계선을 양보하였고, 뇌택雷澤에서 물고기를 잡을 때에는 모두 그 자리를 내주었으며, 하빈河濱에서 질그릇을 구울 때에는 완성된 그릇이 조악粗惡한지 여부를 가지고 문제 삼지 않았다. 그가 거처하는 곳이면 으레 취락이 생겨나고, 2년이 지나면 읍이 되었으며, 3년이 지나면 도회지가 되곤 하였다. 이러한 사실을 들은 요堯는 민간에서 그를 발탁하고, 아황娥皇 · 여영女英 두 딸을 시집보내 그가 살고 있는 규예嬀汭로 내려보냈다. 마침내 순이 요의 재상으로 정사를 대리하여 환두驩兜를 내치고 공공共工을 귀양 보내며, 곤鯀을 유폐하고 삼묘三苗를 내쫓았으며, 재자才子인 팔원八元과 팔개八凱를 발탁하였다.

요가 붕어崩御하자 순은 하남河南에서 제위帝位를 피하고 있었는데, 천하의 조근朝覲하는 제후들과 송사訟事를 하는 자, 덕을 칭송하는 자들이 모두 요의 아들에게로 가지 않고 순에게로 오므로 결국 황제에 즉위하였다. 그가 토덕土德으로 왕이 되어 구관九官[14]을 임명하고 십이주十二州의 목牧에게 자문을 구하니, 천하의 백성들이 모두 순의 공을 우러러 받들었다. 순이 오현금五絃琴을 튀기고 남풍시南風詩를 노래하며 천하를 다스리니, 그 시의 내용이 다음과 같았다.

---

14) 구관九官 : 순舜임금 때의 아홉 대관大官으로 주周나라 때의 구경九卿에 해당하는 직책이다.

솔솔 부는 남풍의 훈훈함이여
백성들의 불평을 풀어줄 만하도다
남쪽 바람 때맞추어 불어옴이여
백성들의 살림살이 넉넉케 할 만하도다

때마침 경성景星[15]이 나타나고 오색구름이 일어나니, 모든 관원들이 화답하여 노래하였다.

오색구름 난만히 피어남이여
이 나라의 예악도 아름답도다
해님 달님 그 빛도 아름다워
아침마다 날마다 끝이 없도다

순의 아들 상균商均이 불초하여 우禹를 하늘에 천거하였는데, 순이 남쪽으로 순수巡狩하다가 창오蒼梧의 들에서 붕어하니 재위가 61년이었다. 우가 즉위하였다.

---

15) 경성景星 : 왕자王者가 예법을 제정하고 음악을 만들 때에 천의天意를 얻으면 경성景星이 나타나고, 그의 덕이 산과 언덕에까지 미칠 만하면 경운景雲(오색구름)이 일어난다고 한다.

4. 하夏나라

하후씨夏后氏[16] 우禹는 사성姒姓이고 혹자는 이름이 문명文命이라고 하니, 곤鯀의 아들이며 전욱顓頊의 손자이다.

곤鯀이 홍수를 막는 일을 할 때 실적이 없으므로 순舜이 우禹를 기용하여 대신하게 하였다. 이에 우는 노심초사勞心焦思한 나머지 8년이나 집 밖에 거처하였으며, 집 문을 지날 때에도 들어가지 않았다. 육지에서는 수레를 타고 물에서는 배를 타며, 진창에서는 썰매를 타고 산에서는 나막신을 신었다. 그리하여 구주九州를 개척하고 구도九道(구주의 도로)를 통하게 하였으며, 구택九澤(구주의 소택沼澤)에 방죽을 쌓고 구산九山(구주의 산)을 측량하여 그 이룬 공을 고하니, 순이 가상히 여겨 그로 하여금 백관을 거느리고 천자의 일을 섭행하게 하였다.

순이 붕어崩御하자 우는 양성陽城에서 제위를 피하고 있었는데,

---

16) 하후씨夏后氏 : 하夏는 우禹가 처음 봉封해진 지방의 이름이자, 그 나라의 국호이다. 하夏 · 은殷 · 주周 삼대三代 중에서 하왕조夏王朝만이 후씨后氏란 말을 사용하였다.

하후씨夏后氏

천하의 백성들이 순의 아들에게 가지 않고 우에게로 가므로 결국 우가 황제에 즉위하였다. 그는 수덕水德으로 왕 노릇 하여 인월寅月(1월)로 일 년을 시작하는 첫 달을 삼았다. 우가 말을 하면 법률이 되고 행동하면 법도가 되어, 왼손에는 수준기〔準〕와 먹줄〔繩〕을, 오른손에는 그림쇠〔規〕와 곱자〔矩〕를 들고 처신하듯이 흐트러짐이 없었다. 한 끼 식사를 하는 동안에 열 번이나 일어나 천하의 백성을 위로하였고, 궁성 밖에 나갔다가 죄인들을 보고 수레에서 내려 그들의 죄상을 물어보고는 눈물을 흘리며 말하기를 "요 · 순 때의 백성들은 요 · 순의 마음을 가지고 세상을 살았는데, 과인이 임금이 된 뒤로는 각자가 자기들의 마음을 가지고 살고 있으니 과인이 통탄하게 생각한다." 하였다.

옛적에 예락醴酪이라는 술이 있었는데 우가 다스리는 시기에 이르러 의적儀狄이란 사람이 술을 만들었다. 우가 술을 맛보고 맛있게 여기며 말하기를 "후세에 반드시 술 때문에 나라를 망치는 자가 있을 것이다." 하고, 드디어 의적을 멀리하였다.

우가 구주九州의 금속을 거두어 구정九鼎[17]을 주조하니, 솥에 달린 세 발이 삼덕三德(정직正直 · 강剛 · 유柔)을 상징하여 이것으로 상제와 귀신을 제향하는 데 사용하였다. 또 제후들과 도산塗山에서 회합하니 그때 옥백玉帛을 들고 조빙한 자가 1만 국이나 되었다. 한번은 우가 강을 건너는데 황룡黃龍이 나타나 등 위에 그 배를 지고 가니 배 안 사람들이 두려워하였다. 우가 하늘을 우러러 탄식하며 말하기를 "나는 하늘에서 명을 받아 힘써 만민을 위로하는 사람이니, 삶은 세상에 잠시 의탁을 하는 것이요 죽음은 근원으로 돌아가는 것일 뿐이다." 하고는 용 보기를 마치 도마뱀 새끼를 보듯이 하며 안색에 변함이 없었다. 그러자 용이 머리를 숙이고 꼬리를 감추며 달아나버렸다.

남쪽으로 순수를 하다가 회계산會稽山에 이르러 붕어하였는데

---

17) 구정九鼎 : 음식을 만드는 기구로 구주九州를 상징한 것이니, 국가에 전승되는 보기寶器이다.

우의 아들 계啓가 어질고 재능이 있어서 우의 도를 계승할 만하였다. 우가 일찍이 익益을 하늘에 천거하였는데, 덕을 칭송하고 조근하는 자들이 익에게 가지 않고 계에게로 가면서 말하기를 "이 사람은 우리 임금의 아들이다." 하니, 계가 결국 황제에 즉위하였다.

유호씨有扈氏가 무도하므로 계啓가 감甘에서 그를 토벌하였다. 계가 붕어하고 아들 태강太康이 즉위하였는데 외지로 나가 노는 일에 빠져 왕성으로 돌아오지 않으니, 유궁국有窮國의 후后 예羿가 태강의 아우 중강仲康을 왕으로 세우고 마음대로 정권을 휘둘렀다. 희화씨羲和氏가 예와 편당偏黨[18]하여 정권을 휘두르자 윤국胤國의 후侯가 왕명을 받들어 정벌하였다. 중강이 붕어하고 아들 상相이 즉위하자 예羿가 상을 시해하고 왕위를 찬탈하였는데, 얼마 후 그의 폐신嬖臣 한착寒浞이 다시 예를 죽이고 스스로 왕이 되었다.

상相의 후后는 유잉국有仍國 임금의 딸인데, 그때 임신한 몸으로 유잉국에 피신하였다가 소강小康을 낳았다. 그 후 소강이 토지 일성一成을 소유하고 군사 일려一旅를 거느릴 정도가 되자,[19] 하

18) 편당偏黨 : 서로 세력을 결탁하여 전횡專橫하는 것을 이른다.
19) 소강이……되자 : '일성一成'은 토지의 단위로 사방 10리의 면적이며, '일려一旅'는 500인으로 편성된 부대의 단위이다. 소강이 좁은 지역과 적은 군사를 다스릴 만큼 성장하였다는 의미이다.

나라의 구신舊臣 미靡와 손잡고 병사를 일으켜 한착을 섬멸하고 우의 왕업을 회복하였다.

소강 이래로 왕저王杼·왕괴王槐·왕망王芒·왕설王泄·왕불강王不降·왕경王扃·왕근王廑 등을 거쳐 왕공갑王孔甲에 이르렀는데, 그는 귀신을 좋아하고 음란함을 일삼아 하나라의 덕이 쇠하고 말았다. 그때 하늘에서 암수 두 마리의 용이 내려왔는데, 도당씨陶唐氏의 후손 중에 유루劉累라는 자가 용을 길들이는 기술을 배워 공갑孔甲을 섬기니 공갑이 그에게 어룡씨御龍氏라는 성을 내렸다. 암용 한 마리가 죽자 유루는 몰래 이를 절여서 공갑에게 먹였는데, 공갑이 맛보고서 다시 이를 달라고 하니 유루는 일이 탄로 날까 두려워 도망하였다.

공갑 이후에 왕고王皐·왕발王發을 거쳐 왕리계王履癸에 이르렀는데, 그의 시호는 걸桀이다. 걸은 탐학스럽고 철구삭鐵鉤索(쇠갈고리로 만든 끈)을 손으로 펼 수 있을 정도로 힘이 셌다. 유시씨有施氏를 정벌하자 유시씨가 말희末喜라는 여자를 바쳤는데, 걸이 그녀를 총애하여 그녀의 말이라면 무엇이든 다 들어주므로 옥으로 장식한 호화스런 궁전과 누대를 만들었다. 백성들의 재물을 긁어모아서 산더미 같은 육곳간에 포脯는 수풀처럼 매달아놓았고, 술을 부은 웅덩이에는 배를 띄울 만하고 술지게미가 쌓인 둑에서는 십 리를 바라볼 만하였다. 한번 북을

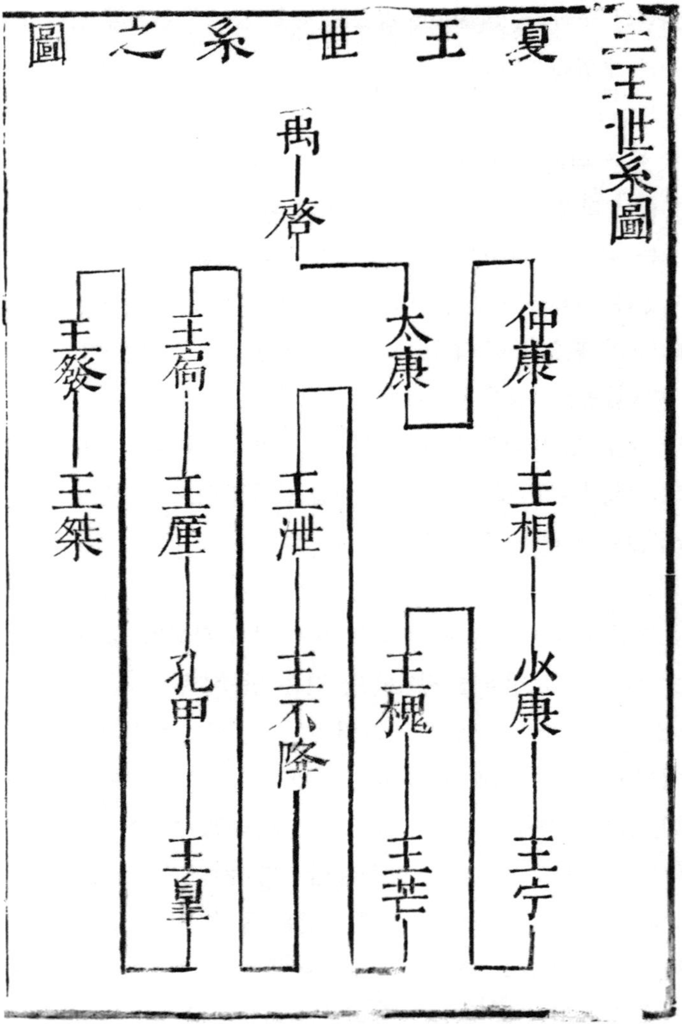

하왕세계도夏王世系圖三才圖會

쳐서 신호를 하면 소처럼 술을 마시는 자들이 3천 명이나 되었는데 말희가 이를 보고 좋아하니 민심이 크게 이반하였다. 이에 탕湯이 하나라를 토벌하자 걸은 명조鳴條로 도망쳐 거기에서 죽었다.

하나라가 천자 노릇을 한 것이 17세世이고, 역년이 458년이었다.

5. 은殷나라

은殷나라 왕 성탕成湯은 자성子姓이고 이름은 복履이다. 그 선조는 설契이니 제곡帝嚳의 아들이며, 설의 어머니 간적簡狄은 유융씨有娀氏의 딸이니 꿈에 제비가 알을 떨어뜨리는 것을 보고 이것을 삼킨 뒤 설을 낳았다. 그 후 설은 당우唐虞(요순堯舜)시대에 사도司徒가 되어 상商 지역에 봉해지고 자성子姓을 하사받았다. 지위를 소명昭明 · 상토相土 · 창약昌若 · 조어曹圉에게 전하고, 또 명冥 · 진振 · 미微 · 보정報丁을 거쳐 보을報乙 · 보병報丙 · 주임主壬 · 주계主癸로 계승되니, 주계의 아들 천을天乙이 바로 탕湯이다.

처음으로 박亳 지역에 도읍하였다. 사람을 보내 예물을 가지고 신莘에서 이윤伊尹을 맞아오게 하여 하夏나라 걸桀에게 천거하였는데 걸이 그를 등용하지 않았다. 이윤이 다시 탕에게 돌아와서

성탕成湯

이렇게 하기를 다섯 차례나 반복하였다. 걸이 충간忠諫하는 신하 관룡봉關龍逢을 죽이므로 탕이 사람을 보내어 조곡弔哭하게 하자 걸이 노하여 탕을 불러다가 하대夏臺에 가두었는데 얼마 후에 풀려났다. 탕이 밖으로 나가다가 사방에 그물을 쳐놓고 축수하는 사람을 보았는데, 그가 말하기를 "하늘에서 떨어진 자, 땅에서 솟아난 자, 사방에서 모여든 자들아. 모두 나의 그물에 걸려들어라." 하였다.

탕이 말하기를 "아! 모두 다 없애버리고 말겠구나." 하며, 그물의 삼면을 터놓게 한 다음 다시 축수하게 하였다. '왼편으로 가려거든 왼편으로 가고, 오른편으로 가려거든 오른편으로 가라. 명령을 따르지 않는 자들은 내 그물 속으로 들어오너라."

제후들이 이것을 듣고 말하기를 "탕의 덕이 지극하여 금수禽獸에게도 미치는구나." 하였다.

이윤이 탕을 도와 걸을 정벌하여 그를 남소南巢로 추방하니, 제후들이 탕을 받들어 천자로 세웠다. 탕은 금덕金德으로 왕 노릇하면서 축월丑月(12월)로 일 년을 시작하는 첫 달을 삼았다.

이윤伊尹

큰 가뭄이 7년이나 계속되자 태사太史가 점을 쳐 말하였다. "사람을 희생해서 축도祝禱를 해야 합니다."

탕이 말하였다. "내가 하늘에 비를 청하는 까닭은 백성을 위해서인데, 만약 반드시 사람을 희생해서 축도를 해야 하는 것이라면 내가 스스로 그 희생이 되겠다."

마침내 탕이 재계齋戒하고 손톱과 머리털을 자르고 몸에 흰 띠풀을 두르고서 스스로 희생이 되어 상림桑林의 들에서 축도를 하였다. 이때 그는 다음 여섯 가지 사안을 가지고 스스로 문책하기를 "정치에 절도가 없는가, 백성이 직임을 잃어 살기가 어려운가, 궁실이 호화로운가, 여알女謁[20]이 성행하는가, 뇌물이 성행하는가, 참부讒夫[21]가 창궐하는가." 하였는데, 말을 마치기도 전에 사방 수천 리에서 크게 비가 내렸다.

탕이 붕어崩御하고 태자인 태정太丁이 일찍 죽자 둘째 아들인 외병外丙이 즉위하였는데 2년 만에 붕어하였다. 이어서 그의 아우 중임仲壬이 즉위하였으나 또 4년 만에 죽으니, 태정의 아들 태갑太甲이 즉위하였는데 태갑은 정사에 밝지 못하였다. 이윤伊尹이 태갑을 동궁桐宮(성탕의 무덤이 있는 곳)으로 내쫓았는데, 그가 여기서 3년 동안 거상居喪하면서 잘못을 뉘우치고 자책하였으므로 이윤이 그를 받들어 박亳으로 돌아와 덕을 닦게 하였다. 그러자

---

20) 여알女謁 : 군주의 총애를 받는 여자를 통해서 청탁을 넣는 사람.
21) 참부讒夫 : 아첨하는 말을 하는 신하.

제후들도 모두 그에게로 귀의하였다.

태갑에서 옥정沃丁 · 태경太庚 · 소갑小甲 · 옹기雍己를 거쳐 태무太戊에 이르렀는데, 이때 박亳에 요괴스런 뽕나무와 닥나무가 조정 뜰에 함께 자라서 하루 만에 한아름이 되게 크는 변괴가 일어났다. 그러자 이척伊陟(이윤의 아들)이 말하기를 "요기妖氣는 덕기德氣를 이기지 못하는 것이니 임금께서는 덕을 닦으소서." 하였다. 태무가 선왕(성탕)의 선정善政을 행한 지 사흘 만에 요괴스런 뽕나무가 말라죽고 은殷나라의 도道가 다시 일어나니. 이리하여 그의 시호를 중종中宗이라 하였다.

태무에서 중정仲丁 · 외임外壬을 거쳐 하단갑河亶甲에 이르러 수재水災를 피해 상相으로 도읍을 옮기고, 조을祖乙에 이르러 경耿에서 거처하였는데 이곳이 또 수해를 당하였다. 그 후 조신祖辛 · 옥갑沃甲 · 조정祖丁 · 남경南庚 · 양갑陽甲을 지나 반경盤庚에 이르러 경耿에서 다시 박亳으로 옮기니 은나라의 도가 다시 일어났다. 반경에서 소신小辛 · 소을小乙을 거쳐 무정武丁에 이르렀는데 어느 날 무정이 '부열傅說'이라는 훌륭한 보필을 얻는 꿈을 꾸었다. 부열은 그때 서미胥靡[22]의 신분으로 부암傅巖에서 토목 일을 하고 있었는데 결국 그를 찾아다가 재상으로 삼았다. 무정이 탕왕의

22) 서미胥靡 : 궁형宮刑을 당하여 복역하는 형도刑徒로, 일설에는 서로가 끈(혹은 철쇄)에 연결되어 복역하는 죄수라 한다.

꿈에서 훌륭한 보필輔弼을 얻다

제사를 지내는데 꿩 한 마리가 대정大鼎 위에 올라가 울자 무정이 두려워하며 자책을 하니 은나라의 도가 다시 일어났다. 그리하여 그의 시호를 고종高宗이라 하였다.

무정에서 조경祖庚 · 조갑祖甲 · 늠신廩辛 · 경정庚丁을 지나 무을武乙에 이르렀는데, 무을은 무도하여 허수아비를 만들어놓고 이를 천신天神이라 부르고, 천신과 바둑을 둘 적에 사람을 불러다가 천신 역할을 하게 하고는 그가 지면 능욕을 가하곤 하였다. 또 가죽부대를 만들어 피를 담아놓고 그것을 올려다보며 활을 쏘면서 이를 '사천射天(천신을 쏨)'이라 하더니, 사냥을 나갔다가 갑자기 벼락에 맞아 죽었다.

태정太丁, 태을太乙을 거쳐 제신帝辛에 이르니, 그 이름은 수受이고 시호는 주紂이다. 그는 언변이 좋고 민첩하며 맨손으로 맹수를 때려잡고, 지략은 간언諫言을 물리칠 만하고 언재言才는 자신의 비리를 호도糊塗할 만하였다. 처음으로 상저象箸(상아로 만든 젓가락)를 만들어 쓰니 기자箕子가 탄식하며 말하였다.

"저 사람이 상저를 만들었으니 반드시 음식물을 토궤土簋(흙 반합)에 담지 않고 옥배玉杯를 만들어 쓰려 할 것이다. 그리고 옥배와 상저를 쓰는 이상 반드시 우거지 국을 끓여먹거나 짧은 베옷을 입지 않고, 띠풀로 덮은 초가집에 거처하려 들지도 않을 것이다. 이렇게 되면 비단 옷과 아홉 겹으로 둘러싸인 호화스런 궁궐,

높은 누대와 넓은 궁실도 짓게 될 것이니, 이와 같은 일들에 걸맞도록 모든 것을 구하게 된다면 천하의 재물을 다 써도 부족할 것이다."

주紂가 유소씨有蘇氏를 정벌하자 유소씨가 달기妲己라는 여인을 비妃로 바쳤는데, 주는 그녀를 총애하여 그녀의 말이면 무엇이든 들어주었다. 그리하여 부세를 과중히 걷어 녹대鹿臺(재물 창고)와 거교鉅橋(곡식 창고)를 가득 채우며 사구沙丘 지역의 원대苑臺(정원과 누대)를 확장하였다. 또 술을 부어 못을 만들고 육고기를 매달아 수풀을 만들어놓고는 밤새도록 마시고 놀았다.

제후 중에 배반하는 자가 생기면 주紂는 형벌을 매우 무겁게 부과하여, 구리로 기둥을 만들고 거기에 기름을 바른 다음 숯불 위에 걸쳐놓고는 죄인에게 이 기둥을 타고 가게 하였다. 이때 죄인의 발이 미끄러지고 넘어져 불속으로 떨어지게 되면 그는 달기와 함께 이것을 보고 아주 재미있어 하였는데, 이를 '포락지형炮烙之刑'이라 불렀다.

이와 같이 음학淫虐이 심하자 주의 서형庶兄 미자微子가 여러 차례 간하다가 듣지 않으므로 떠났고, 비간比干이 또 사흘씩이나 물러가지 않고 간하므로 주가 노하여 "내가 들으니 성인聖人의 심장에는 7개의 구멍이 있다고 하더라." 하며 결국 그의 몸을 갈라 심장을 보고야 말았다. 기자箕子는 거짓으로 미친 척하면서 남의 노비가 되니 주가 이를 잡아 가두었다.

주후周侯 창昌(문왕文王)과 구후九侯 · 악후鄂侯 등 3인이 주紂의 삼공三公으로 있었는데, 주가 구후를 죽이자 악후가 이를 간하다가 두 사람 모두 포육脯肉을 당하고 말았다. 창이 이를 듣고 탄식하니 주가 유리羑里에 창을 유폐시켰는데, 창의 신하 산의생散宜生이 미녀와 보물들을 구해다가 바치니 주가 아주 좋아하며 창을 풀어주었다. 창이 본국으로 돌아가 덕을 닦으니, 제후 중에 주를 배반하고 창에게 귀부하는 사람이 많이 생겨났다. 창이 죽고 아들 발發(무왕武王)이 즉위하여 제후들을 이끌고 주를 치니, 주는 목야牧野에서 패하여 몸에다 진귀한 보옥들을 걸치고 스스로 불속으로 뛰어들어 죽었다. 이에 은나라가 망하였다.

얼마 후 기자가 주周나라를 방문하면서 과거 은나라의 도읍터를 지나게 되었는데, 궁궐이 훼손되고 무너져 곡식과 잡초가 우거진 것을 보고 매우 상심하였다. 그러나 통곡을 하려 해도 할 수 없고 또 눈물을 흘리자니 이는 부녀자들의 행태에 가까워서, 이에 〈맥수가麥秀歌〉를 지어 불렀다.

보리 이삭 자라나 패어남이여
논밭의 곡식들도 무성하구나
버릇없이 날뛰던 저 어린아이
나와는 친분이 별로 없었네

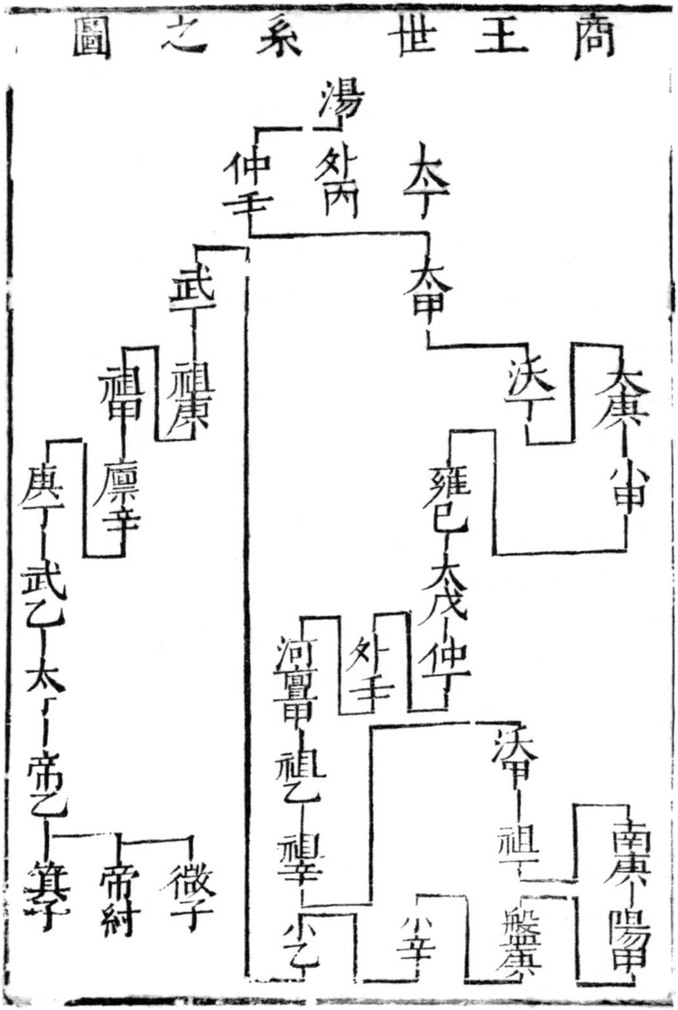
商王世系之圖
湯
太丁
外丙
仲壬
太甲
沃丁
太庚
小甲
雍己
太戊
仲丁
外壬
河亶甲
祖乙
祖辛
沃甲
祖丁
南庚
陽甲
盤庚
小辛
小乙
武丁
祖庚
祖甲
廩辛
庚丁
武乙
太丁
帝乙
箕子
帝紂
微子

상왕세계도商王世系圖

은나라의 유민들이 노래를 듣고 모두 눈물을 흘렸다.

은나라가 천자 노릇을 한 것이 31세世이고, 역년이 644년이었다.

6. 주周나라

주周나라 무왕武王은 희성姬姓이고 이름은 발發이니 후직后稷의 16세손이다. 후직은 이름이 기棄이고 그의 어머니 강원姜嫄이 제곡帝嚳의 원비元妃였는데, 어느 날 들에 나갔다가 한 거인巨人의 발자국을 보고서 마음에 흐뭇하여 이를 밟아보고서는 기棄를 낳았다. 그러나 그녀는 이것을 상서롭지 못한 일로 생각하여 후직을 골목길에 내다 버렸는데 말과 소가 밟지 않고 피해갔고, 다시 수풀 속에다 놓아두었는데 마침 거기에는 사람들이 많이 있었다. 다시 옮겨 차가운 얼음 위에다 놓아두었는데 이번에는 새들이 와서 덮어주고 깔아주고 하므로 신기하게 생각한 끝에 결국은 거두어 기르게 되었다.

기棄는 어려서부터 우뚝하기가 마치 거인巨人의 뜻과 같았다. 그리하여 장난치고 놀 때에도 씨 뿌리고 나무 심기를 좋아하더니, 성인이 되어서는 지리地里의 적당함을 잘 살펴서 백성들에게 농사일을 가르쳤다. 그러다가 요·순·우의 시대에 농사農師가 되고 태邰에 봉해져서 그 성姓을 따로 정한[23] 다음 후직后稷이란 칭호를 얻었다.

후직이 죽고 아들 불굴不窋이 즉위하였는데, 하후씨夏后氏의 정사政事가 쇠하자 불굴은 세습해오던 관직(농사農師)을 잃고 서북 지방 이민족들이 사는 곳으로 망명해 살았다. 불굴이 죽고 아들 국鞠이 즉위하였다가 죽고, 그 아들 공유公劉가 즉위함에 다시 후

후직后稷

23) 성姓을 따로 정한 : 별도의 성씨(희씨姬氏)를 세운 것이다. 후직后稷의 아버지 제곡帝嚳은 황제黃帝의 후손으로 본성本姓은 공손公孫이고 또 다른 성姓은 희씨姬氏인데, 후직이 공손을 버리고 희씨 성姓만을 칭한 것이다.

직의 공업功業을 닦아 농사일을 힘쓰니 백성들이 그를 그리워하므로 빈豳으로 도읍을 옮겼다.

공유公劉로부터 경절慶節 · 황복皇僕 · 참불參弗 · 훼유毀隃 · 공비公非 · 고어高圉 · 아어亞圉 · 공숙서公叔鉏를 지나 고공단보古公亶父에 이르렀는데, 이때 훈육獯鬻이 침입하자 빈豳을 떠나 칠저漆沮를 건너고 양산梁山을 넘어서 기산岐山 아래에 읍락邑落을 이루었다. 그러자 빈 사람들이 "그는 어진 사람이니 놓쳐서는 안 된다." 하면서 노약자들을 부축하여 이끌고 따라와 사니, 이웃 나라에서도 사람들이 다 귀의하였다.

고공古公의 장자가 태백太伯, 차자가 우중虞仲이며, 비妃는 태강太姜인데, 태강이 막내 계력季歷을 낳고 계력이 자라서 태임太任에게 장가들어 창昌을 낳으니 그는 성덕聖德을 갖추고 있었다. 이에 태백과 우중은 고공이 계력을 세웠다가 창에게 물려줄 뜻이 있음을 알고 형만荊蠻으로 달아나 머리를 자르고 몸에 문신을 새겨서 임금 자리를 계력에게 양보하였다.

고공古公이 죽고 공계公季(계력季歷)가 즉위하였다. 공계가 죽자 창昌이 즉위하여 서백西伯[24]이 되었는데, 서백이 덕을 닦으니 제후들이 그에게로 귀부하였다. 한번은 우虞 · 예芮 두 나라 사람이

---

24) 서백西伯 : '백伯'은 수장首長의 뜻이니 은殷나라 주紂가 서방西方 제후諸侯의 수장으로 명하여 정벌征伐에 대한 전권專權을 위임하였다.

논밭의 경계를 두고 다투다가 해결이 되지 않으므로 이를 가지고 서백에게 물으러 갔다. 그런데 국경을 넘어가니 농부들이 모두 밭두렁을 양보하고 백성들의 풍속이 모두 어른에게 겸양하는 것을 보았다. 두 사람은 부끄러워하며 "우리가 다투는 것이 주나라 사람들에게 있어서는 창피스런 일이로구나." 하며 서백을 뵙지 않고 돌아와 서로 밭두렁을 양보하며 취하지 않았다. 한수漢水 남쪽으로 서백에게 귀부한 40개 나라에서 모두 그를 가리켜 '천명을 받을 임금〔受命之君〕'이라 하고 칭송하였고, 결국 천하를 셋으로 나누어 그 둘을 가지게 되었다.

문왕文王

동해東海 가에 사는 여상呂尙이란 사람이 있었는데 곤궁하고 연로한 몸으로 낚시질을 하다가 주周나라에까지 가게 되었다. 마침 서백西伯이 사냥을 하려고 점을 치는데 이런 점괘가 나왔다. "용도 이무기도 아니고, 곰도 말곰도 아니며, 범도 비휴도 아니다. 잡히는 것은 패왕霸王을 보필할 인물일 것이다."

서백이 과연 위수渭水 북쪽에서 여상을 만나 서로 이야기를 하고는 아주 좋아하며 말하기를 "우리 선군 태공太公께서 말씀하시기를 '장차 성인聖人이 우리 주나라로 올 것이며, 주나라는 그를 통해 일어나게 될 것이다.'라고 하였는데 그대가 바로 그 사람인가!" 하였다. 또 말하기를 "우리 태공께서 그대를 갈망한 지가 오래되었다." 하였는데, 그러므로 그를 태공망太公望이라 불렀다. 수레를 함께 타고 돌아와 그를 스승으로 세우고 사상보師尙父라 하였다.

서백이 죽고 아들 발發이 즉위하니, 바로 무왕武王이다. 서백이 시작한 왕업의 전통을 따라 선정을 베푼 지 13년 만에, 서로 약속도 하지 않았는데 스스로 모여든 제후가 800명이나 되었다. 이들이 모두 "주紂를 정벌해야 합니다."라고 말하였으나 무왕은 불가하다 하고 군사를 이끌고 돌아갔는데, 주가 개전改悛의 빛을 보이지 않자 무왕이 결국 그를 정벌하였다.

이때 백이伯夷와 숙제叔齊 형제가 무왕의 말고삐를 잡고 출정을 만류하였는데 측근들이 형제를 죽이려 하였다. 태공太公이 "그들은 의로운 사람들이다." 하며 부축해서 데리고 나가도록 하였다.

무왕이 은나라를 멸하고 천자가 된 다음 고공古公을 추존追尊하여 태왕太王으로 하고 공계公季는 왕계王季, 서백西伯은 문왕文王으로 하였다. 화덕火德으로 왕 노릇 하여 자월子月(11월)로 일 년을 시작하는 첫 달을 삼았다.

천하가 주나라를 천자로 받들게 되자 백이와 숙제는 이를 부

무왕武王

끄러이 여긴 나머지, 의리상 주나라의 녹봉을 먹을 수 없다 하고 수양산으로 들어가 숨으며 노래하였다.

저 서산西山으로 올라감이여
고사리를 꺾어서 연명하도다
난폭으로 난폭함을 바꿔침이여
그래도 시비를 모르는도다
신농神農 · 우하虞夏의 전통이 홀연 사라졌으니
내가 어디로 가 의지할건가
아아 이대로 죽어버릴까
나의 명도 이제는 쇠하였도다

결국 형제는 굶어죽었다.

무왕이 붕어崩御하고 태자 송誦이 즉위하니 바로 성왕成王이다. 성왕이 어리므로 〈무왕의 아우〉 주공周公이 총재冢宰로서 섭정을 하였는데, 주공의 아우인 관숙管叔과 채숙蔡叔이 유언비어를 퍼뜨리기를 "주공은 장차 유자孺子(성왕)에게 이롭지 못한 짓을 할 것이다." 하면서 무경武庚과 함께 반란을 일으켰다. 무경은 무왕이 은殷나라의 후사後嗣로 세운 주紂의 아들 녹보祿父이다. 주공은 동정東征을 감행해서 무경과 관숙을 죽이고 채숙은 내쫓았는데, 성왕이 장성하자 주공은 정사를 성왕에게 돌려주었다.

성왕成王

이보다 앞서 무왕이 호경鎬京을 건설하고 종주宗周라고 부르니, 이곳이 바로 서도西都이다. 이어서 낙읍洛邑을 영조營造하려다가 이루지 못하였다. 이에 성왕이 무왕의 뜻을 이어 이 일을 마치고자 하였으므로, 소공召公은 지세를 살피고 주공周公은 낙읍에 가서 왕성을 쌓으니 이곳이 바로 동도東都이다. 낙읍을 천하의 중심으로 삼으니, 사방 제후국에서 공물을 바칠 때 거리가 서로 엇비슷하기 때문이었다. 왕은 서도에 기거하면서 제후들을 조회할 때에만 동도에서 하였고, 주공과 소공은 성왕을 도와 측근이 되어

섬현陝縣을 기준으로 서쪽은 소공이 맡고 동쪽은 주공이 맡았다.

교지交趾 남쪽에 월상씨越裳氏가 있었는데, 그 나라의 사신이 여러 차례의 통역을 거쳐 와서 흰 꿩을 바치며 다음과 같이 말하였다. "저는 고국의 황구黃耇(군주君主)로부터 명을 받고 온 사람입니다. 하늘에는 폭풍과 장맛비가 없고 바다에는 사나운 파도가 일지 않은 지 3년이나 된 것을 보니, 아마도 중국에 성인이 있어서 그런 듯합니다." 주공은 공적을 성왕에게 돌리고 흰 꿩을 종묘에다 올렸다.

주공周公

소공召公

사신이 돌아가려는 데 길을 찾지 못하자 주공이 그에게 병거軿車[25] 5량을 내주었는데, 모두 지남指南(나침반) 장치가 되어 있었다. 사신이 이것을 타고 부남扶南 · 임읍林邑 · 기타 해변을 돌아 1년 만에 본국에 닿았다. 이로부터 지남거指南車는 언제나 천자의 행차 때 선도가 되니, 이는 먼 곳 사람을 복속시킨다거나 혹은 사방을 바로잡는다는 뜻을 보인 것이었다.

25) 병거軿車 : 덮개가 있는 수레로 일설에는 사면에 병풍을 두른 수레라고 한다.

성왕이 붕어하고 아들 강왕康王 쇠釗가 즉위하니 성왕·강왕의 시대에는 천하가 안녕安寧해서 40여 년 동안 형벌이 쓰이지 않았다.

강왕이 붕어하고 아들 소왕昭王 하瑕가 즉위하였는데, 소왕이 남쪽으로 순수巡狩하다가 초楚에 갔을 적에 아교로 붙여 만든 배를 타다가 물에 빠져 죽고 돌아오지 못했다.

소왕의 아들 목왕穆王 만滿이 즉위하니, 이때 조보造父라는 자가 말을 부리는 재주가 뛰어나 왕에게 총애를 받았다. 왕은 여덟 마리의 준마駿馬를 얻어 천하를 돌며 가는 곳마다 수레와 말의 흔적을 남겨놓으려는 생각을 하게 되었다. 왕이 서쪽으로 순수하다가 재미에 취한 나머지 돌아갈 생각을 잊어버리자 이 틈을 타 서徐나라 제후가 난을 일으켰다. 이에 조보가 왕의 수레를 몰아 먼 길을 달려왔고, 왕은 이를 수습한 다음 초楚나라에 명하여 서徐나라를 토벌하여 없애버리게 하였다.

목왕이 견융犬戎을 정벌하려 하였는데 채공祭公과 모보謀父가 간하기를 "선왕께서는 덕을 베풀었지, 군대의 위력을 과시하지 않으셨습니다." 하였다. 왕은 듣지 않고 견융을 정벌하여 흰 이리와 흰 사슴 각각 네 마리씩을 잡아가지고 돌아왔는데, 이로부터는 황복荒服[26]이 내조來朝하지 않고 제후들도 친목을 잃었다.

---

26) 황복荒服 : 오복五服 중 가장 변두리의 지역으로, 왕의 기내畿內로부터 2,000리에서 2,500리의 사이에 위치하였다. 후대에 임금의 교화가 미치지

목왕이 붕어하고 아들 공왕共王 예호繄扈가 즉위하였다. 공왕이 붕어하고 아들 의왕懿王 간囏이 즉위하였다. 의왕이 붕어하고 그 아우 효왕孝王 벽방辟方이 즉위하였다. 효왕이 붕어하고 아들 이왕夷王 섭燮이 즉위하였다. 이왕은 천자의 존귀한 신분으로서 명당明堂에서 내려와 제후들을 인견引見하였는데, 결국 제후 가운데에서 초楚나라가 처음으로 왕호王號를 참칭하였다.

이왕이 붕어하고 아들 여왕厲王 호胡가 즉위하니, 그는 무도하고 포악하며 사치스럽고 오만하기까지 한 사람이었다. 위衛나라 무당을 등용하여 백성들이 자신을 비방誹謗하는 것을 감시하게 하다가 고발되는 자가 생기면 곧 죽여버리니, 백성들은 길에서 만나면 서로 눈짓을 할 뿐이었다. 그러자 왕이 기뻐하며 말하기를 "내가 백성들의 비방을 그치게 하였다." 하니, 어떤 사람이 말하기를 "이는 일시적으로 막아놓은 것에 불과하니, 백성들의 입을 막는 것은 시냇물의 흐름을 막는 것보다도 해로움이 심합니다. 시냇물이 막혔다가 한번 터지게 되면 반드시 사람이 많이 상하게 되기 때문입니다." 하였으나 왕이 듣지 않았다. 이에 백성들이 함께 반란을 일으키니, 왕은 성을 빠져나와 체彘로 달아나고 국정은 두 재상인 주공周公과 소공召公[27]이 공동으로 담당하게 되었다. 이것을 공화共和라고 하는데 이 체제가 실시된 지 14년

못하는 곳의 만이蠻夷를 뜻하게 되었다.

27) 주공周公과 소공召公 : 성왕成王 때의 주공 · 소공이 아니라, 그 이후의 재상들을 통칭하는 말이다.

만에 왕이 체에서 붕어하였다.

아들 선왕宣王 정靖이 즉위하였다. 선왕이 현명하고 유능한 인사를 발탁하여 국정을 맡기니 소목공召穆公 · 방숙方叔 · 윤길보尹吉甫 · 중산보仲山甫 등의 인재가 있어서 안팎으로 정사를 맡아보았다. 이리하여 왕화王化가 다시 행해지고 주나라 왕실도 중흥이 되었다. 선왕이 붕어하고 아들 유왕幽王 궁열宮涅이 즉위하였다.

이보다 앞서 하후씨夏后氏(우禹) 때에 두 마리 용이 궁정으로 내려와서 "우리는 포褒나라의 두 임금이다." 하므로, 나라에서는 이에 대해 점을 치고 그들의 침방울과 거품을 담아 보관하였다. 이 그릇은 하夏 · 은殷 두 왕조를 지나도록 아무도 열어보지 않았는데, 이때에 와서 주周나라 사람이 그릇을 열자 그 안에 있던 내용물이 변하여 자라가 되었다. 한 처녀가 그 자라와 마주치고서 임신을 하여 딸을 낳았다가 밖에 내다버렸는데, 얼마 후 선왕宣王 때에 이런 동요가 퍼지게 되었다.

산뽕나무 활과 대나무 전통이
실로 주나라를 망치리라

때마침 이 두 가지 물건을 팔러 다니는 자가 있어서 선왕이 사람을 시켜 잡아오게 하였는데, 그 사람이 도망을 치다가 길에서 버려진 여자아이를 보고 밤새 우는 것을 애처롭게 여긴 나머지 거두어서 포褒나라로 달아났다.

이때에 와서 포나라 제후가 죄를 짓자 그 여자를 왕에게 바쳤는데 이가 곧 포사褒姒였다. 왕이 포사를 총애하였으나 포사는 웃기를 좋아하지 않으니, 왕이 온갖 방법으로 그녀를 웃게 해보려 하였지만 웃지를 않았다. 왕과 제후들의 약속 중에는 외적이 쳐들어왔을 때 횃불을 들어 알리면 각자 군사를 이끌고 내원來援한다는 것이 있었는데, 어느 날 왕이 아무런 징후도 없는데 느닷없이 횃불을 드니 제후들이 빠짐없이 달려왔으나 외적은 물론 보이지 않았다. 그러자 이 어이없는 광경을 보고서 포사가 크게 웃었다.

왕은 신후申后와 태자 의구宜臼를 폐하고, 포사를 왕후로 삼고 그 아들 백복伯服을 태자로 삼았다. 의구가 신申나라로 피신하자 왕이 그를 찾아 죽이려다 실패하고 신나라를 치니, 신나라 제후가 견융犬戎의 군사를 이끌고 와서 종주宗周를 노략질하였다. 왕이 횃불을 들어 제후의 군사들을 불렀으나 아무도 이르지 않았다. 견융이 여산驪山 아래에서 유왕을 시해하였다.

제후들이 의구宜臼를 세우니 이가 곧 평왕平王이다. 평왕은 서도西都(호경鎬京)가 견융犬戎에게 핍박받았다 하여 거처를 동도東都의 왕성王城으로 옮겼는데, 이때 주周 왕실의 권위가 쇠미해지고 제후 중에 강한 자가 약한 자를 병탄倂呑하여 제齊·초楚·진秦·진晉나라가 비로소 강대하게 되었다. 평왕平王 49년은 바로 노 은

포褒나라가 미녀를 바치며 속죄하다

공魯隱公 원년이니, 뒷날 공자孔子가 《춘추春秋》[28]를 편수한 것이 여기에서 시작하였다.

평왕이 붕어하고 태자의 아들 환왕桓王 림林이 즉위하였다가 붕어하고, 또 그 아들 장왕莊王 타佗가 즉위하였다가 붕어하고, 다시 그 아들 희왕釐王 호제胡齊가 즉위하였는데, 이때 제 환공齊桓公이 비로소 패자霸者가 되었다. 희왕이 붕어하고 아들 혜왕惠王 랑閬이 즉위하였다가 붕어하고, 그 아들 양왕襄王 정鄭이 즉위하였는데 이때 진 문공晉文公이 비로소 패자가 되었다. 양왕이 붕어하고 아들 경왕頃王 임신壬臣이 즉위하였다가 붕어하고, 또 그 아들 광왕匡王 반班이 즉위하였다가 붕어하고, 아우 정왕定王 유瑜가 즉위하였는데, 이때 초 장왕楚莊王이 사람을 주나라로 보내어 구정九鼎의 무게가 얼마나 되는지 묻기에 왕손만王孫滿이 물리쳐버렸다.

정왕定王이 붕어하고 아들 간왕簡王 이夷가 즉위하였는데, 이때 비로소 오吳가 왕호를 참칭하였다. 간왕이 붕어하고 아들 영왕靈王 설심泄心이 즉위하였는데 이때에 공자孔子가 탄생하였다. 영왕이 붕어하고 아들 경왕景王 귀貴가 즉위하였다가 붕어하고, 그 아

28) 춘추春秋 : 공자의 저술. 제후국인 노魯나라를 중심으로 서술된 편년체의 사서史書이다. 분량은 대단히 간단하고 토막토막의 사실로 점철돼 있으나, 공자의 포폄褒貶 사상이 함축되어 있다 하여 유가儒家에서 존중하였다.

들 도왕悼王 맹猛이 즉위하였는데, 서제庶弟인 자조子朝가 왕을 시해하므로 진晉나라 제후가 자조를 토벌하고 아들 경왕敬王 면丏을 즉위시켰으니 이때에 공자가 죽었다. 경왕이 붕어하고 아들 원왕元王 인仁이 즉위하였다가 붕어하고, 다시 그 아들 정정왕貞定王 개介가 즉위하였다가 붕어하고, 그 아들 애왕哀王 거질去疾이 즉위하였다. 그러나 아우 사왕思王 숙대叔帶가 엄습掩襲하여 왕을 시해하고 자립하니, 이번에는 또 막내아우 고왕考王 외嵬가 사왕을 공격하여 죽이고 자립하였다. 고왕이 붕어하고 아들 위열왕威烈王 오午가 즉위하였다. 이때 진晉나라의 조씨趙氏, 위씨魏氏, 한씨韓氏 등 삼경三卿이 비로소 제후가 되었다.

주나라는 동천東遷한 이래로 20세(위열왕)에 이르기까지 국세가 더욱 쇠미해지고 있었고, 제후들은 군사력을 가지고 서로 강함을 다투었는데 이때를 전국戰國시대라고 한다. 훗날 사마광司馬光이 《자치통감資治通鑑》을 짓고 주자朱子가 《자치통감강목資治通鑑綱目》을 지을 때에도 바로 여기에서 시작하였다.

위열왕威烈王이 붕어하고 아들 안왕安王 교驕가 즉위하니, 이때 제齊나라에서는 전씨田氏가 강씨姜氏의 지위를 찬탈하여 제후로 군림하기 시작했다. 안왕이 붕어하고 아들 열왕烈王 희喜가 즉위하였다가 붕어하고, 그 아우 현왕顯王 편扁이 즉위하였는데 이때 제후들이 모두 왕호를 참칭하였다.

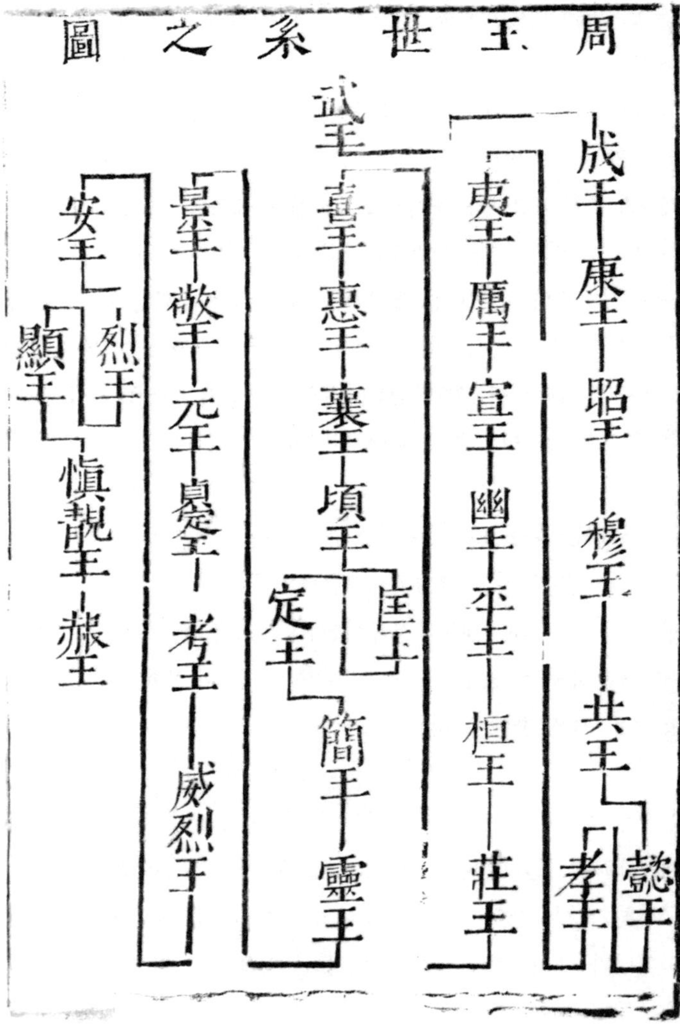
周王世系之圖
武王
成王
康王
昭王
穆王
共王
懿王
孝王
夷王
厲王
宣王
幽王
平王
桓王
莊王
釐王
惠王
襄王
頃王
匡王
定王
簡王
靈王
景王
敬王
元王
貞定王
考王
威烈王
安王
烈王
顯王
慎靚王
赧王

주왕세계도周王世系圖

현왕이 붕어하고 아들 신정왕慎靚王 정定이 즉위하였다가 또 붕어하고, 다시 그 아들 난왕赧王 연延이 즉위하여 난왕 59년(B.C. 256)에 제후들과 합종책合從策[29]을 맺고 진秦나라를 공략하였다. 이에 진 소왕秦昭王이 주周나라를 공격하자 난왕은 진나라에 들어가 머리를 조아리며 죄를 빌고 자신의 속읍屬邑을 모두 바치니, 진나라가 헌납한 땅을 받은 다음 난왕을 주周나라로 돌려보내 거기서 종신케 하였다.

주나라가 천자 노릇을 한 것이 37세世이고, 역년이 867년이었다.

7. 춘추전국春秋戰國

1) 오吳나라

오吳나라는 희성姬姓이니 태백泰伯과 중옹仲雍이 봉해진 곳으로, 19세 수몽壽夢 때부터 왕호를 쓰기 시작했다. 수몽은 네 아들이 있었는데 막내가 계찰季札이었다. 계찰이 현군의 자질이 있었으므로 수몽은 세 아들에게 차례로 왕위를 잇게 한 뒤 계찰에게 전해지도록 하려 하였다. 그러나 계찰이 의리를 들어 불가하다 하므로, 그를

29) 합종책合從策 : 한韓 · 위魏 · 조趙 · 연燕 · 초楚 · 제齊 등 6국이 종縱(남북)으로 동맹을 맺고 서쪽에 있는 진秦에 대항한다는 외교 방략이다.

연릉延陵 지방에 봉한 다음 연릉계자延陵季子라 하였다.

어느 날 계찰이 상국上國(오吳)으로 빙문聘問하러 가는 길에 서徐나라를 지나게 되었는데, 서나라 군주가 그의 보검寶劍을 매우 갖고 싶어 하였다. 계찰이 그 눈치를 알고서 사명使命을 마치고 돌아오는 길에 서나라에 들렀으나 이미 서나라 군주가 죽고 없었다. 결국 칼을 풀어 그의 묘에다 걸어놓고 돌아왔다.

수몽 이후 네 군주를 지나 합려闔廬에 이르러 오원伍員을 기용

계찰季札

하여 나랏일을 처리하게 하였다. 오원의 자字는 자서子胥이니 원래 초나라 오사伍奢의 아들이었다. 오사가 죽임을 당하여 오吳나라로 도망쳐왔다가, 오나라 군사를 거느리고 초나라의 수도인 영郢으로 쳐들어갔다. 오나라가 월越나라를 치는 중에 오왕 합려가 부상을 입고 죽자 아들 부차夫差가 즉위하니, 자서子胥는 다시 그를 섬기게 되었다.

부차는 복수에 뜻을 두어서 언제나 나뭇단 위에서 기거를 하였으며 출입하는 사람에게 이렇게 외치게 하였다. "부차야, 너는

오원伍員

월나라 사람들이 너의 아비를 죽인 사실을 잊어버렸단 말이냐."

주 경왕周敬王 26년에 부차가 부초산夫椒山에서 월나라 군대를 무찔렀다. 월왕 구천句踐은 남은 군사를 이끌고 회계산會稽山으로 들어가서 부차에게 사람을 보내 자기는 신하가 되고 아내는 첩이 되게 해달라고 간청하였다. 자서子胥는 불가하다고 말하였으나, 태재太宰 백비伯嚭가 월나라의 뇌물을 받아먹고 부차를 설득하여 월왕을 용서해주도록 설득하였다. 구천이 월나라로 돌아와서 기거하는 자리 위에 동물의 쓸개를 걸어놓고서 눕기만 하면 그 쓸개를 쳐다보고 맛보면서 "너는 회계산에서의 치욕을 잊어버렸단 말이냐." 하였다. 그러면서 국정은 모두 대부인 문종文種에게 맡겨놓고 자신은 범려范蠡와 함께 군사행정을 감독하며 오나라를 도모할 궁리를 하였다.

오나라의 태재 백비가 '자서子胥가 자기의 책략이 쓰이지 않은 것을 수치로 알며 원망하고 있다.'고 참소하니, 부차가 이에 자서에게 속루검屬鏤劍을 내려 자살하도록 하였다. 자서가 가솔家率에게 당부하기를 "내 무덤가에 반드시 개오동나무를 심어놓았다가, 이 나무가 관곽棺槨의 재목으로 쓸 만하게 자라거든 나의 눈알을 긁어내어 동문 위에다 걸어두도록 하라. 그 눈으로 월나라 군사가 오나라를 멸망시키는 광경을 볼 것이다." 하였다. 그리고 스스로 목을 찌르니, 부차는 그의 시신을 가져다가 가죽부대에 담고 강물에 던져버렸다. 오나라 사람들이 그를 불쌍히 여긴 나머지 강가에 사당을 짓고 이름을 서산사胥山祠라 하였다.

월나라는 10년 동안 백성을 기르고 재물을 모으며 군사들을 잘 훈련시켰다. 주 원왕周元王 4년에 오나라를 공격하니 오나라가 세 번 싸워 세 번 모두 패배하였다. 부차가 고소대姑蘇臺에 올라 지난번과 같이 강화를 청하였으나 범려가 허락하지 않았다. 부차는 "내가 자서를 대할 면목이 없노라." 하며 멱모幎冒(시신의 얼굴을 싸는 헝겊)를 쓰고 자살하였다.

월나라가 오나라를 멸망시킨 뒤 범려는 월나라를 떠나면서 대부 문종에게 다음과 같은 글을 남겼다.

"월왕은 목이 길고 까마귀처럼 입이 뾰족한 사람이니, 그 사람과 환난患難을 같이 할 수는 있지만 안락安樂을 함께 누릴 수는 없을 것이다. 그대는 어찌하여 떠나지 않는가."

문종은 이것을 보고 병을 핑계로 조현하지 않았는데 어떤 이가 '문종이 장차 반란을 일으키려 한다.' 하고 참소를 하니, 월왕은 그에게 검을 내려 자살하게 하였다.

범려는 자기 몸에 가벼운 보석과 보옥을 두르고, 자신의 하인들과 함께 배를 띄워 강과 호수를 지나고 또 바다를 건너 제齊나라로 갔다. 그리고는 치이자피鴟夷子皮라고 변성명을 한 다음, 부자父子가 함께 재물을 모아 수십만의 재산을 이루었다. 제나라 제후가 그의 현명함을 듣고 재상으로 삼으니 범려가 위연喟然히 탄식하며 말하였다.

"내가 집에 있을 때는 천금을 모으고 관직에 있을 때는 경상卿相의 지위에까지 갔으니, 이는 포의布衣로서 더할 수 없는 데까지 간 것이다. 오래도록 존경과 명예를 받는 것은 상서로운 일이 아니다."

이에 재상의 인장印章을 돌려주고 재물을 모조리 흩어준 다음, 값진 보물들만 가지고 살그머니 빠져나가 도陶라는 곳에 정착하였다. 스스로를 도주공陶朱公이라 칭하고 누만금累萬金의 재산을 형성하게 되었다. 노魯나라의 의돈猗頓이 그를 찾아가 재물을 모으는 방법을 물었는데, 그는 "다섯 마리의 암소를 기르라."고 일러주었다. 이에 의돈이 의씨猗氏라는 곳으로 가서 소와 양을 크게 사육하니 10년 만에 그 재산이 왕공王公에 비길 만하게 되었다. 그러므로 천하의 부자라고 하면 으레 도주공과 의돈을 칭하게 되었다.

2) 채蔡나라

채蔡나라는 희성姬姓이니 채중蔡仲이 봉해진 곳이다. 주공周公이 채숙蔡叔을 곽린국郭鄰國으로 내친 일이 있었는데, 그 아들 호胡가 문왕文王의 덕을 따라 선행을 하였으므로 그를 다시 채에 봉하였다. 그 후 춘추春秋 말기에 와서 초 혜왕楚惠王에게 멸망하였다.

3) 조曹나라

조曹나라는 희성姬姓이니 무왕武王의 아우 조숙曹叔과 진탁振鐸이 봉해진 곳이다. 그 후 춘추 중기에 와서 송宋에게 멸망하였다.

4) 송宋나라

송宋나라는 자성子姓이니, 은殷나라 주紂의 서형인 미자微子 계啓가 봉해진 곳이다. 후세 춘추시대에 이르러 양공襄公 자보玆父라는 이가 제후의 패자霸者가 되고자 하여 초楚나라와 싸움을 하게 되었다. 이때 공자公子 목이目夷가 적군이 진지를 구축하기 전에 쳐부수자고 요청하니, 양공이 말하기를 "군자는 다른 사람이 곤경에 빠졌을 때에 공격하지 않는다." 하며 듣지 않다가 결국 초나라에 패하고 말았다. 세상에서는 이를 두고 '송양공의 어짊〔宋襄之仁〕'이라 하며 비웃었다.

그 후에 경공景公이란 사람이 있었는데, 어느 해인가 일정한 시각만 되면 형혹성熒惑星(화성火星)이 나타나 심성心星을 지키며 떠나지 않는 것이었다. 심성은 송宋나라에 해당하는 분야(구역)이므로 경공이 근심을 하니, 천문天文을 담당하는 사성司星 자위子韋가 아뢰기를 "재앙을 재상에게로 옮기십시오." 하였다. 경공이 "재상은 나의 고굉股肱이다." 하자, 자위가 "백성에게로 옮기시지요." 하였다. 경공이 "임금이란 백성을 의지해서 존재하는 것이

송 양공宋襄公이 거짓 인仁으로 군대를 잃다

송 경공宋景公의 선한 말이 하늘을 감동시키다

다.” 하자, 자위가 “금년 농사에다 전이하시지요.” 하였다. 경공이 “농사를 망쳐 백성들이 곤궁하게 되면 내가 누구를 위해서 임금 노릇을 하겠는가.” 하였다. 이에 자위가 아뢰기를 “하늘은 높은 곳에 계시지만 언제나 낮은 곳을 살펴보고 있는 것입니다. 이제 임금께서는 다른 사람의 임금이 되기에 충분한 이야기를 세 가지씩이나 말씀하셨으니, 마땅히 어떤 감응이 있을 것입니다.” 하고 천문을 관측해보니 과연 형혹성이 1도만큼 옮겨져 있었다.

몇 세대를 지나 강왕康王 언偃에 이르러 참새가 매〔鸇〕를 낳는 변고가 있으므로 점을 쳐보니 필시 천하의 패자가 될 징조라고 하였다. 언이 좋아하며 제齊·초楚·위魏와 싸워 패배시키고 이들과 적국이 되었다. 언은 음란하고 잔학하였으므로 세상에서는 그를 ‘걸송桀宋’이라 하였는데, 주 난왕周赧王 때에 제 민왕齊湣王이 초楚·위魏와 함께 송을 쳐서 멸하고 그 땅을 분할하였다.

5) 노魯나라

노魯나라는 희성姬姓이니 주공周公의 아들 백금伯禽이 봉해진 곳이다. 주공이 성왕成王을 훈육할 때 왕이 어떤 잘못을 하게 되면 백금에게 매질을 하였다. 그러다가 백금이 봉지로 나가게 될 때에는 다음과 같이 훈계를 하였다.

“나는 문왕文王의 아들이요 무왕武王의 아우이며, 또 금상今上의 숙부가 되는 사람이다. 그러나 나는 머리 한번 감을 동안에도 급

한 일이 있으면 세 번씩이나 머리카락을 붙잡고 나가 사람을 만나보았고, 또 밥 한 술을 먹는 동안에도 세 번씩이나 입안의 음식을 토해 가며 일어나 찾아온 인사를 대접하였다. 그러면서도 나는 늘 천하의 인재를 대접함에 잘못됨이 있을까 걱정하였다. 너도 노나라로 가거든, 삼가 국군이라 해서 사람들에게 교만하게 굴지 말아야 할 것이다."

태공太公이 제齊나라에 봉해진지 지 5개월 만에 그동안의 치적治績을 보고하니 주공이 말하였다. "어찌 그리 신속하게 보고를 하시오?" 태공이 대답하였다. "저는 군신 간의 예절을 간략히 하면서 그 나라의 풍속은 옛것을 그대로 따르도록 하고 있습니다." 백금이 노나라에 간 지 3년 만에 치적을 보고하니 주공이 말하였다. "어찌 그리 더디게 보고를 하는가?" 백금이 대답하였다. "저는 그 나라의 풍속을 바꾸고 예를 고쳐, 상례 같은 것도 3년이 지난 뒤에야 탈상脫喪하도록 하였습니다." 이 말을 듣고 주공은 말하였다. "후세에 노나라는 북면北面30)하여 제나라를 섬기게 될 것이로다. 무릇 정사가 간소하고 수월하지 않으면 백성들이 가까이하기 어렵고, 평범하고 수월하면 백성들이 친근히 여겨서 반드시 귀부하게 되는 것이다."

---

30) 북면北面 : 신하의 자리에서 임금을 섬긴다는 뜻이다.

주공이 태공에게 묻기를 “제나라는 어떻게 다스리고 있습니까?” 하니, 태공이 대답하기를 “어진 이를 받들며 공훈을 숭상하는 방침을 쓰고 있습니다.” 하였다. 주공이 말하기를 “후세에 반드시 임금을 시해하고 그 자리를 빼앗는 신하가 있게 될 것입니다.” 하였다. 그러자 태공이 주공에게 묻기를 “노나라는 어떻게 다스리고 계십니까?” 하니, 주공이 대답하기를 “어진 이를 받들며 가까운 혈족을 친근히 대하는 방침을 쓰고 있습니다.” 하였다. 태공이 말하기를 “후세에 점차 쇠약해질 것입니다.” 하였다.

백금에서 13세를 지나 은공隱公에 이르면 춘추시대의 시작이 된다. 은공의 아우가 환공桓公이고 환공의 아들이 장공莊公인데, 장공에게는 이복아우 셋이 있었다. 첫째가 경보慶父이니 후에 맹손씨孟孫氏가 되었고, 둘째가 숙아叔牙이니 후에 숙손씨叔孫氏가 되었고, 셋째가 계우季友이니 후에 계손씨季孫氏가 되었다. 이들을 삼환三桓이라 하였는데 대대로 노나라의 국정國政을 잡고 있었다.

민공閔公 · 희공僖公 · 문공文公 · 선공宣公 · 성공成公 · 양공襄公을 지나 소공昭公에 이르러 계손씨季孫氏를 토벌하였는데, 도리어 삼가三家가 연합하여 소공을 공격하였다. 이에 소공이 패하여 건후乾侯(진晉나라의 읍)로 달아났다가 거기서 죽었다.

소공의 아우 정공定公이 즉위하여 공자孔子를 중도재中都宰로 임명하니, 부임한 지 1년 만에 사방의 읍들이 모두 공자의 방식을 본받았다. 중도재에서 사공司空이 되고 다시 대사구大司寇로 승진하여, 정공을 도와 협곡夾谷에서 제齊나라 제후와 회동하게 되었는데 이때 공자가 진언하였다.

"정사를 잘하는 사람은 필시 무장도 잘 갖추고 있어야 하는 것입니다. 청컨대 좌우의 사마司馬를 모두 따르게 하소서."

회동이 시작됨에 제나라의 유사有司가 사방 이민족들의 음악을 연주하기를 요청하니, 이에 악대들이 대장의 깃발과 창칼을 들고 북을 치며 소란스럽게 나오는 것이었다. 공자가 종종걸음으로 달려 나아가 아뢰기를 "우리 양국의 임금이 우호를 하는데 무엇 때문에 이민족들의 음악이 필요하겠습니까." 하니, 제 경공齊景公이 무안해하며 중지하게 하였다.

그러자 제나라 유사가 이번에는 궁중의 음악을 연주하기를 요청하니, 이번에는 광대와 난쟁이들이 시시덕거리며 나오는 것이었다. 공자가 또 달려 나아가 아뢰기를 "필부로서 제후의 눈을 현혹케 한 자는 그 죄가 주륙誅戮에 해당하니, 청컨대 유사에게 명하여 법을 시행해서 그들의 목과 수족을 잘라버리게 하소서." 하였다.

경공이 말을 듣고 두려워하며 돌아가 신하들에게 말하기를 "노나라는 군자의 도로써 임금을 보필하는데 그대들은 오직 이민족의 도만 가지고 과인을 인도하고 있소." 하였다. 이에 제나라가 그동안 침략했던 운鄆 · 문양汶陽 · 귀음龜陰 등의 땅을 돌려주며 노나라에 사죄하였다.

공자는 정공에게 건의하여, 장차 삼가三家가 거처하는 읍성을 허물어 없앰으로써 공실의 세력을 강화하자고 하였다. 그리하여 숙손씨가 먼저 그들의 읍성인 후郈를 허물고 계손씨도 비費를 허물었는데, 맹손씨의 신하들만은 성成을 허물려 하지 않았다. 이에 정공이 성을 포위하여 공격하였으나 함락하지 못하였다.

공자가 대사구大司寇란 관직에 있으면서 재상의 직무를 섭행한 지 7일 만에 정사를 문란하게 하던 대부大夫 소정묘少正卯를 죽이니, 3개월이 지나자 노나라는 크게 질서를 회복하였다. 제나라가 이 소식을 듣고 두려워하여 노나라에 여악女樂을 보내니, 계환자季桓子가 그것을 받고 정사에 마음을 쓰지 않았다. 뿐만 아니라 교사郊祀[31]를 지낸 뒤에도 대부들에게 제육祭肉을 보내는 예법을 따르지 않는 등 노나라의 질서가 다시 무너지게 되었다. 결국 공자는 노나라를 떠나고 말았다.

정공이 죽고 아들 애공哀公이 즉위하였다. 애공은 월越나라 군사를 끌어들여 노나라의 삼환을 쳐부수려 하다가 이루지 못하였다. 이후 도공悼公·원공元公을 거쳐 목공繆公에 이르렀는데,

---

31) 교사郊祀 : 천지天地에 지내는 제사이다. 동지冬至 때는 천신天神을 남교南郊에서 제사 지내고, 하지夏至 때는 지신地神을 북교北郊에서 제사 지냈다.

목공은 자사子思(공자의 손자)를 존경할 줄만 알았지 끝내 등용하지는 않았다. 그 후 공공共公 · 강공康公을 지나 평공平公 때에 와서 평공이 한번은 맹자孟子를 만나보려 한 일이 있었으나 성사되지 못하였다. 문공文公을 지나 경공頃公 때에 와서 초나라 고열왕考烈王에게 멸망하니, 노나라는 주공으로부터 경공까지 모두 34세였다.

공자는 이름이 구丘이고 자字는 중니仲尼이니, 그 선조는 송宋나라 사람이다. 정고보正考父라는 사람이 송나라의 재상이 되어

공자孔子

세 번 임명을 받아[32] 경卿의 지위에 오르기까지 처신을 더욱더 공손히 하였다. 그는 정명鼎銘에 이런 글을 새겨놓았다.

한 번 임명됨에 머리를 숙이고
두 번 임명됨에 허리를 굽히며
세 번 임명됨에 더욱더 굽히도다
걸을 때는 담장을 끼고 총총히 뛰니
아무도 나를 업신여기지 못하네
이 솥에다 된죽 묽은 죽 되는대로 끓여서
그런대로 입에다 풀칠을 하네

공씨孔氏는 송나라에서 자취가 끊어지고 후손이 노나라로 이주하였는데, 숙량흘叔梁紇이란 사람이 안씨顔氏의 딸과 함께 니구산尼丘山에서 치성을 드린 끝에 공자를 낳았다. 공자는 어려서 유희할 때에도 항상 제기祭器를 벌여놓고 제례祭禮를 행하는 놀이를 하였다. 장성하여 계씨의 속관이 되었을 때에는 척도와 되질을 공평히 하였고, 일찍이 목축관이 되었을 때에는 가축들을 잘 번식케 하였다. 주周나라에 가서 노자老子를 만나 예를 묻고 돌아온 뒤로부터 제자가 점점 더 많아지게 되었다.

공자가 제齊나라로 가니 제 경공齊景公이 노나라의 계손씨와 맹

---

32) 세……받아 : 세 번에 걸쳐 사士 · 대부大夫 · 경卿에 올랐음을 말한다.

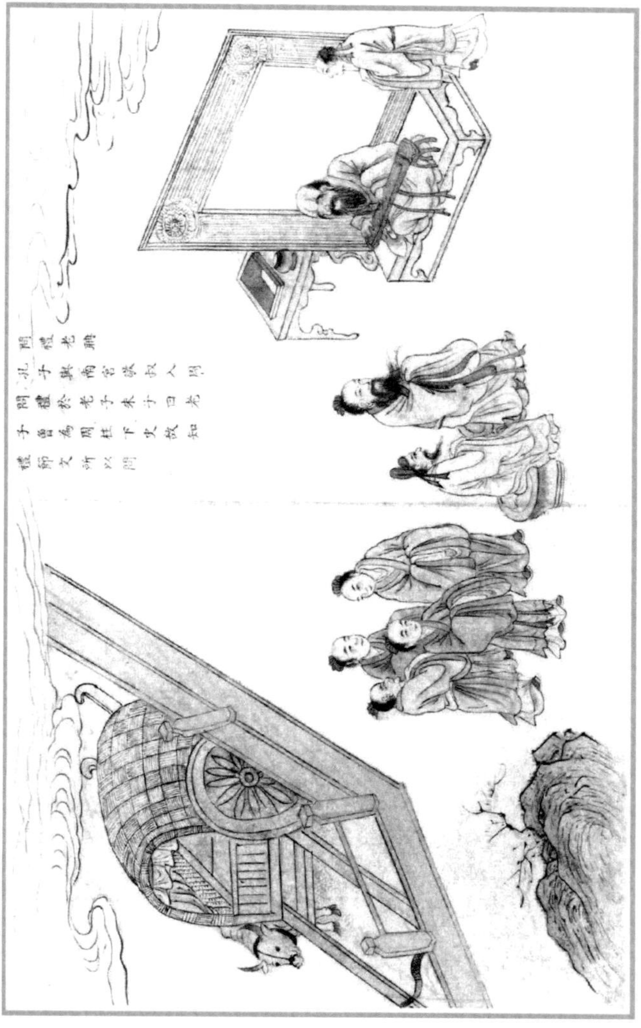

노자老子에게 예禮를 묻다

손씨의 중간쯤에 해당하는 대우를 하려 하므로[33] 공자는 노나라로 돌아왔다. 노 정공魯定公이 그를 쓰기는 하였으나 결국 등용하지는 못하였다. 그리하여 공자는 위衛나라로 갔다가 다시 진陳나라로 갈 생각으로 광匡을 지나게 되었다. 광 지역 사람들은 일찍이 양호陽虎라는 사람에게 폭정을 겪었는데, 공자의 외모가 양호와 흡사하므로 오해하여 공자의 앞길을 가로막았다. 우여곡절 끝에 그곳을 벗어나 위나라로 갔으나 영공靈公의 하는 짓이 마음에 들지 않으므로 다시 떠났다. 조曹나라를 거쳐 송宋나라로 가서 큰 나무 아래에서 제자들과 예를 익히고 있었는데, 환퇴桓魋라는 자가 그 나무를 찍어 넘어뜨리는 등 행패를 하였다. 정鄭나라로 가니 정나라 사람이 이런 말을 하였다.

"동문東門 가에 어떤 사람이 있는데 이마는 요堯임금 같고 목은 고요皐陶를 닮았으며, 어깨는 자산子産과 흡사하고 허리 아래는 우禹임금보다 3치가 짧다. 그러나 그 모습은 허탈하고 지친 것이 마치 상갓집의 개와 같다."

진陳나라로 갔다가 다시 위衛나라로 간 다음 조간자趙簡子를 만나볼 생각에 서쪽으로 갔는데, 황하黃河 가에 이르러 두명독竇鳴犢과 순화舜華가 그에게 죽임을 당했다는 말을 듣고는 물끄러미 하

---

33) 제경공이……하므로 : 노魯나라 삼경三卿 중에 계씨季氏가 가장 귀하므로 임금이 그를 대접하는 예가 가장 후했고, 맹씨孟氏는 하경下卿이므로 임금이 그를 대접하는 예가 약간 박하였다. 여기에서 제경공은 후厚 · 박薄을 적절히 맞춰 공자를 대접하려 했던 것이다.

수河水를 바라보며 이렇게 탄식을 하였다.

아름답다. 저 물의 넓고 큼이여
내가 이 물을 건너지 않은 것은
하늘의 명이었구나.

위衛나라로 돌아왔다가 진陳 · 채蔡 · 섭葉 등을 들러 결국은 채蔡나라로 돌아왔다.

이때 초楚나라에서 사람을 보내어 공자를 초빙하니, 진陳 · 채蔡나라의 대부들이 쑥덕거리기를 "공자가 초나라에 등용되면 진 · 채 두 나라가 위태롭지 않겠는가." 하고 수하의 무리들을 내어 들판에서 공자 일행을 포위해버렸다. 이렇게 되자 공자가 말하였다. "《시경詩經》에 '시兕(코뿔소)도 아니고 범도 아닌 것이, 저 넓은 들판을 어정거리네.'라는 말이 있으니, 나의 도가 잘못되어서 그런 것인가. 무엇 때문에 내가 여기서 이런 경우를 당하게 되는가." 이에 자공子貢이 말하였다. "선생님의 도가 너무 크기 때문에 천하에서 이것을 수용하지 못하는 것입니다." 안연顔淵이 또 말하였다. "수용하지 못한다 한들 무슨 걱정이 있겠습니까. 그렇게 된 후에야 선생님의 군자君子다움이 드러나게 될 것입니다."

안연顔淵

얼마 후 초 소왕楚昭王이 군사를 내어 영접하므로 공자가 초나라에 갈 수 있었다. 소왕이 그에게 서사지書社地 7백 리를 봉해주려 하였는데, 영윤令尹인 자서子西가 불가하다고 하므로 공자는 위衛나라로 돌아오고 말았다. 얼마 후 계강자季康子가 공자를 영접하므로 노나라로 돌아왔는데, 애공이 그에게 정치를 묻기는 하면서도 끝내 등용하지는 못하였다.

결국 《서경書經》을 정리하여 위로 요순堯舜시대부터 아래로 진 목공秦繆公까지의 일을 다루었고, 또 고시古詩 3천 편을 산삭刪削하여 311편으로 만들었다. 이것들을 모두 현絃에 올려 노래로 부를 수 있게 하니 예악이 이로부터 전술되었다. 만년에는 《역경易經》을 좋아하여 단彖·상象·계사繫辭·설괘說卦·문언文言 등 효爻·괘卦에 대한 해석을 서술하였다. 《역경》을 얼마나 많이 읽었던지 가죽으로 매놓은 책 끈이 세 번이나 끊어질 정도였다.

한편 노나라 역사 기록을 근거로 《춘추春秋》를 저술하여, 은공부터 애공까지 12공의 역사를 다루었는데 '기린을 잡았다.〔獲麟〕[34]'는 대목에서 기록을 마쳤다. 기록 가운데 쓸 것은 쓰고 삭제할 것은 삭제하였는데, 문학에 조예가 있던 자유子游와 자하子夏의 무리조차 한 마디도 가감加減을 하지 못하였다. 제자 3천 명 가운데 육예六藝에 통달한 자가 72명이었다. 73세에 세상을 떠났다.

공자의 아들 리鯉는 자字가 백어伯魚이니 일찍 죽었고, 손자 급伋은 자가 자사子思이니 《중용中庸》을 지었다. 맹자孟子가 그의 문인인데 이름이 가軻이며, 노나라 맹손씨의 후손으로 추鄒에서 태어났다. 어려서 어머니에게 좋은 환경을 위해 세 번 이사한 가르침〔三遷之敎〕을 받았고, 장성해서는 자사의 문인에게 가르침을 받았다. 그리고 도가 이루어진 뒤에는 제齊·양梁나라의 제후들을

---

34) 기린을 잡았다 : 노魯나라 애공哀公 14년(B.C. 481)에 애공이 서쪽으로 순수巡狩하다가 뿔이 하나 달린 짐승을 얻어가지고 공자에게 보이니 공자가 그것을 기린麒麟이라고 하였다. 공자는 이에 느끼는 바 있어 《춘추春秋》를 지었으며, 따라서 《춘추》의 내용은 '기린을 잡았다.〔獲麟〕'에서 그친 것이다.

맹자孟子

만나 유세하였는데 등용되지 못했고, 물러나 만장萬章의 무리와 함께 논의하고 문답하여 《맹자孟子》 일곱 편을 지었다.

노자老子는 초楚나라 고현苦縣 사람이다. 이성李姓이고 이름은 이耳, 자는 백양伯陽 또는 담聃이라 하였다. 주나라 서실書室을 담당하는 속리屬吏로 있었는데, 주나라가 쇠하는 것을 보고 주나라를 떠나 옥문관玉門關에까지 가니 관령關令 윤희尹喜가 다음과 같이 말하였다. "당신이 세상을 버리고 은거하려 하니, 나를 위해

서책을 하나 써주는 것이 어떻겠소." 이에 노자가 《도덕경道德經》 5천여 자를 써놓고 그곳을 떠났다. 그 후 정鄭 사람 열어구列禦寇, 몽蒙 사람 장주莊周 등이 노자의 학문을 계승하였는데 이 중에서도 장주는 《장자莊子》를 지어 공자를 업신여기고 그 제자들을 비난하였다.

6) 위衛나라

위衛나라는 희성姬姓이니 무왕武王의 아우인 강숙康叔 봉封이 봉해진 곳이다. 후세에 춘추春秋시대에 와서 영공靈公의 부인 남자南子가 음행淫行이 있었는데, 전실前室의 아들 괴외蒯聵가 남자를 죽이려다 실패하여 다른 나라로 피신하였다. 그 후 영공이 죽고 괴외의 아들 첩輒이 즉위하였는데, 괴외가 위나라로 돌아오려 하자 첩이 환국을 거부하였다.

자로子路가 이 싸움에 관여하였는데, 태자(괴외)의 신하들이 창을 들고 자로를 공격하다가 자로의 갓끈이 끊어지고 말았다. 자로는 "군자는 죽는 상황에서도 관을 벗는 것이 아니다." 하면서 갓끈을 고쳐 매고 죽었다. 그 후 위나라 사람들이 자로의 각을 떠서 소금에 절이니, 공자가 이 소식을 듣고 집에 있던 젓갈 항아리를 엎어버리게 하였다.

전국戰國시대에 자사子思가 위衛나라에 있으면서 구변苟變이 장수로 기용할 만하다고 진언하였다. 위나라 제후가 말하기를 "구변이 일찍이 관리로 종사할 때에 백성들에게 구실을 매겨 1인당 계란 2개씩을 거두어 먹은 사실이 있기 때문에 기용하지 않는 것입니다." 하였다. 이에 자사가 대답하였다.

"성인이 사람을 쓰는 방식은 마치 장인匠人이 목재를 쓰는 방식과도 같아서, 그 장점을 취할 뿐 단점은 돌아보지를 않습니다. 그러므로 소태나무나 가래나무가 몇 아름씩 자라서 큰 재목이 되면, 거기에 몇 자 정도 썩은 부분이 있다 해도 훌륭한 장인은

자사子思

버리지 않습니다. 이제 임금께서 전국이라는 난세에 처해 있으면서 단지 계란 2개 때문에 국가의 간성干城(방패와 성)이 될 만한 장수를 버리려 하시니, 이런 이야기는 결코 이웃 나라에까지 소문나게 해서는 안 됩니다."

위나라 제후가 각종 계책을 말하는데 옳다고 할 만한 것이 별로 없었다. 그런데도 맞장구를 치는 신하들은 마치 한 사람의 입에서 나오는 것처럼 찬동하는 것이었다. 이에 자사가 다음과 같이 말을 하였다.

"군주께서 하시는 나랏일은 점점 잘못될 것입니다. 군주가 어떤 말을 하면서 스스로 옳은 것이라고 생각한다면 경 · 대부들은 감히 잘못을 바로잡을 수가 없습니다. 또 경 · 대부가 어떤 말을 하면서 스스로 옳은 것이라 한다면 사 · 서인들은 감히 잘못을 바로잡을 수가 없습니다. 《시경詩經》〈소아小雅 정월正月〉편에 이르기를 '사람들은 모두가 스스로를 성인이라 하니, 누가 까마귀의 암수를 구별할 수가 있겠는가.'[35] 하였습니다."

주周나라가 봉한 제후 가운데 위衛나라가 가장 나중에 멸망하였다. 진秦나라가 천하를 병합하고 황제가 되었는데, 진 2세 때에야 비로소 위나라 임금 각角을 폐하여 서인으로 만들었다.

---

35) 사람들은……있겠는가 : 모두가 자기의 견해만을 옳다고 하므로, 시비是非를 가려볼 수 없다는 말이다.

7) 정鄭나라

정鄭나라는 희성姬姓이니 주 선왕周宣王의 서제庶弟인 환공桓公 우友가 봉해진 곳이다. 환공의 아들 무공武公과 그 아들 장공莊公이 모두 주나라의 사도司徒가 되었다. 몇 대를 내려가 성공聲公 때에 이르러 자산子産을 재상으로 등용하였다. 자산은 정나라의 공족公族으로 국씨國氏이니 이름은 교僑이다. 공자가 정나라를 지나갈 때에 자산과는 마치 형제와 같은 사이라고 할 정도였다. 목공穆公 · 양공襄公 이래로 정나라는 해마다 진晉 · 초楚나라의 침략을

자산子産

받지 않은 적이 없었는데 자산이 이러한 상황을 이어받아 예식으로 나라를 튼튼하게 하니, 비록 진·초나라와 같이 사나운 나라도 더 이상 침해를 가하지 못하였다.

정나라는 주나라 위열왕威烈王 때에 이르러 임금 을乙이 한 애후韓哀侯에게 멸망하였는데, 한韓나라가 정나라가 있던 자리로 도읍을 옮겼다.

8) 진晉나라

진晉나라는 희성姬姓이니, 성왕成王의 아우인 당숙우唐叔虞가 봉해진 곳이다. 성왕이 어려서 숙우叔虞와 함께 놀이를 할 적에 오동나무 잎을 잘라 규圭[36]를 만들어 "이것을 너에게 봉한다."라고 하자, 태사太史 일佚이 "그러면 택일을 해주시지요." 하였다. 성왕이 "나는 그와 장난을 해본 것뿐이다." 하였는데, 태사 일이 "천자는 장난으로 말을 하는 것이 아닙니다." 하였다. 결국 그를 당唐에 봉하게 되었다.[37]

그 후 문공文公 때에 와서 제후의 패자霸者가 되었는데, 문공은 이름이 중이重耳이니 헌공獻公의 차남이다. 헌공이 여희驪姬를 총애하여 태자 신생申生을 죽이고 포蒲에서 중이를 공격하였는데,

---

36) 규圭 : 제후가 조회 또는 회동할 때에 손에 드는 물건으로 천자가 제후를 봉할 때에도 쓴다. 옥玉으로 만들었는데 위는 둥글고 아래는 90도의 모가 져 있다.

37) 결국……되었다 : 훗날 자변子變이란 자가 국호를 진晉으로 변경하였다.

진 문공晉文公

성왕成王이 당숙우唐叔虞를 봉하다

중이가 이때 피신을 하였다가 19년 만에 본국으로 돌아왔다.

망명 시절 중이가 조曹나라에서 굶주리고 있을 때 개자추介子推라는 부하가 넓적다리 살을 베어서 제공한 일이 있었는데, 본국으로 돌아온 뒤 망명 시절에 따라다니던 호언狐偃 · 조참趙衰 · 전힐顚頡 · 위주魏犨 같은 사람들에게는 포상을 하면서도 정작 개자추에게는 아무런 관심도 보이지 않았다. 이에 개자추의 부하들이 글을 지어 대궐문에 걸어놓았다.

용감하고 씩씩한 한 마리 용이
잠깐 길을 잃고 방황을 하니
다섯 마리 뱀이 그를 따라서
여기저기 천하를 유력하였네
그때 용은 굶주리고 끼니도 없어
한 마리 뱀이 살을 베어 먹였네
그 용은 연못으로 돌아가서
편안히 옛 자리에 안주하고
네 마리 뱀들도 제자리로 들어가서
저마다 살 곳이 각각 있건마는
한 마리 뱀만은 살 곳이 없어
들 가운데 울부짖어 방황을 하네

문공이 이것을 보고 "아, 과인의 잘못이로다." 하며 사람을 보내 개자추를 찾게 하였으나 끝내 만나지 못하였다. 개자추가 면상산綿上山에 숨어 있으면서 나오지를 않자 산에 불을 놓아 나오게 하려 하였는데, 끝내 개자추는 나오지 않고 타 죽었다. 그 후 후인들이 그의 영혼을 위로하기 위해 찬 음식을 먹는 풍습이 생겼고, 문공은 면산綿山 주변의 논밭을 빙 둘러 봉지로 정하고 이를 개산介山이라 이름하였다.

문공이 죽은 뒤 진晉나라는 마침내 대대로 패자霸者가 되었는데, 양공襄公 · 영공靈公 · 성공成公 · 경공景公 · 여공厲公을 지나 도공悼公 때에 와서 다시 패업이 성대하였다. 그러다가 평공平公 · 소공昭公 · 경공頃公을 지나면서 공실公室이 더욱 약해지고, 육경六卿인 범씨范氏 · 지씨知氏 · 중항씨中行氏 · 조씨趙氏 · 위씨魏氏 · 한씨韓氏 등이 비로소 강성하게 되었다. 정공定公을 지나 출공出公 때에 와서는 지씨가 조씨 · 위씨 · 한씨와 동맹하여 범씨 · 중항씨를 멸하고 그 땅을 분할하는 사태가 일어났다. 이에 대해 출공이 성을 내자 지씨 등 사경四卿이 도리어 출공을 공격하니, 출공이 달아났다가 죽고 말았다. 애공哀公이 즉위하니 조씨 · 한씨 · 위씨가 이번에는 지씨를 멸하고 그 땅을 분할하였다. 그 후 유공幽公이 즉위하였을 때 진은 강絳과 곡옥曲沃만을 차지하고 나머지는 모두 조씨 · 위씨 · 한씨에게 돌아갔으니 이를 삼진三晉이라 하였다. 열공烈公이 즉위하자 세 경卿이 주나라 위열왕威烈王의 명으로 제후가 되었고, 또 효공孝公을 지나 정공靖公 때에 이르러 위 무후魏武侯 · 한 애후韓哀侯 · 조 경후趙敬侯 등이 함께 정공을 폐위하여 서인으로 만든 다음 그 땅을 분할하니, 진은 대代가 끊어지고 봉사奉祀할 수 없게 되었다.

9) 진陳나라

진陳나라는 규성嬀姓이고 우순虞舜의 후손인 호공胡公 만滿이 봉해진 곳이니, 주 무왕周武王이 순의 후손을 찾아다가 봉하였다. 후세 춘추시대에 공자 완完이 진陳나라에서 달아나 제齊나라에서 벼슬하였는데, 진나라는 이후 초 혜왕楚惠王에게 멸망하였다. 완의 후손이 마침내 제나라에서 크게 성장하여 전씨田氏가 되었다.

10) 제齊나라

제齊나라는 강성姜姓이니, 태공망太公望 여상呂尙이 봉해진 곳이다. 후세 환공桓公에 와서 제후의 패자가 되니, 춘추오패春秋五霸 가운데 환공이 처음으로 패자가 된 사람이었다. 그의 이름은 소백小白인데, 형 양공襄公이 무도하여 여러 아우들은 화가 미칠까 두려워하였다. 이에 자규子糾는 노魯나라로 갔는데 관중管仲이 그를 도왔고, 소백은 거莒로 갔는데 포숙鮑叔이 그를 도왔다.

그 후 양공이 아우 무지無知에게 시해를 당하고 무지 역시 다른 사람에게 죽임을 당하자, 제나라 사람들이 거莒에 있는 소백

제 환공齊桓公

을 불렀는데 노나라 역시 군사를 내어 자규를 제나라에 들여보내려 하였다. 이 과정에서 관중이 거莒에서 제나라로 오는 길을 막고 있다가 소백을 활로 쏘았는데 소백의 대구帶鉤(허리띠의 쇠)를 맞히는 데 그쳐버렸다. 결국 소백이 제나라에 먼저 와서 즉위하게 되었다. 이때 포숙아鮑叔牙가 관중을 추천하여 정사를 맡아보게 하니, 환공이 지난 원한을 접어두고 그를 등용하였다.

관중管仲의 자字는 이오夷吾이다. 일찍이 포숙鮑叔과 장사를 한 일이 있었는데, 서로 이익을 나눌 때 보면 그는 으레 자기 몫을 더 많이 챙겼다. 그래도 포숙은 그를 보고 욕심이 많은 사람이라고 생각하지 않았는데, 그가 가난한 것을 알기 때문이었다. 또 한 번은 그와 함께 어떤 일을 추진해본 적이 있었는데, 그 일이 실패해서 아주 어려운 지경에 빠진 때도 있었다. 그래도 포숙은 그를 어리석은 사람이라고 생각하지 않았는데, 시세에는 이롭고 이롭지 않은 것이 있음을 알기 때문이었다. 또 어떤 때는 세 번 전쟁을 하면서 모두 달아난 일이 있었지만 이때도 포숙은 그가 비

관중管仲

겁한 인간이라고 생각하지 않았는데, 이는 그에게 늙은 어미가 있음을 알기 때문이었다. 관중은 늘 이렇게 말했다. "나를 낳아준 사람은 부모님이요, 나를 알아준 사람은 포숙이다."

환공이 제후들을 규합해서 천하를 질서 있게 유지해나갈 수가 있었던 것은 모두 관중의 지모 덕분이었다. 그는 늘 "첫째도 중보仲父요, 둘째도 중보니라." 하였다. 이러한 관중이 병들어 중태가 되자 환공은 여러 신하들 가운데 누가 재상을 맡길 만한지 물었다.

환공이 "역아易牙는 어떠한가." 하니, 관중이 대답하기를 "그는 제 아들을 죽여 임금에게 먹였을 만큼 인정머리 없는 사람이니 가까이해서는 안 됩니다." 하였다. 환공이 "개방開方은 어떠한가." 하니, 관중이 "그는 어버이를 배반하면서까지 임금의 마음을 얻고자 할 만큼 인정이 없는 사람이니 가까이해서는 안 됩니다." 하였다. 관중의 이 말은 개방이 과거 위衛나라 태자로서 제나라에 도망쳐온 사람이기 때문에 한 말이었다. 환공이 또 물었다. "수조竪刁는 어떠한가." 하니, 관중이 "그는 스스로 궁형宮刑[38]을 자행해서 임금의 마음에 들려 한 사람입니다. 이 또한 인정 없는 짓이니 가까이해서는 안 됩니다." 하였다.

관중이 죽자 환공은 그의 말을 듣지 않고 앞서 말한 자들을

---

38) 궁형宮刑 : 오형五刑의 하나로 남자는 고환을 제거하여 거세去勢시키고, 여자는 음부를 유폐幽閉시켜 버리는 형벌이다.

가까이하니 결국은 3인이 국정을 휘두르게 되었다. 또 환공이 정실부인처럼 총애한 여섯 여인이 모두 아들을 두고 있었는데, 환공이 죽은 뒤에 다섯 공자들은 서로 왕위를 가지고 다툼을 하였다. 그리하여 공의 시신이 침상 위에 있었으나 빈殯과 염殮을 할 자가 없어서 67일이나 방치되니, 시체에서 나온 구더기가 문밖까지 기어나왔다.

환공에서 8세를 지나 경공景公에 이르러 안자晏子라는 이가 경공을 보좌하였다. 그의 이름은 영嬰이고 자字는 평중平仲인데, 절제와 검소를 힘써 행하여 제나라에서 중망重望이 있었다. 그리하여 여우 갖옷 한 벌로 30년을 입고 제사 고기가 접시를 채우지 못할 정도로 가난하였는데, 오히려 제나라 사람 가운데 그의 덕택으로 살림을 유지해가는 자가 70여 가家나 되었다.

하루는 안자가 외출을 하는데 그 마부의 아내가 문틈으로 보니, 남편이 커다란 일산을 껴안고 사마駟馬에 채찍질을 하며 의기양양하게 신바람이 나 있는 것이었다. 이윽고 마부가 돌아오자 아내는 남편에게서 떠나기를 청하며 이런 말을 하였다.

"안자는 제나라의 재상으로 제후들 사이에서 이름을 날리고 있지만 그의 뜻을 보면 항상 겸손한 마음이 있습니다. 그런데 당신은 다른 사람의 마부가 되어 있으면서 오히려 스스로 만족을 하고 있습니다. 이 때문에 내가 당신에게서 떠나려 하는 것입니다."

마부는 이에 스스로 자만심을 누르고 겸손한 태도를 갖기 시작했다. 이것을 본 안자가 괴이쩍게 여긴 나머지 까닭을 물으니 마부는 사실대로 대답하였다. 안자는 그를 대부로 천거하였다.

경공이 한 번은 안자를 진晉나라로 사신 가게 한 일이 있었는데 도중에 그는 숙향叔向이라는 자와 이런 말을 하였다. "제나라의 정권은 반드시 진씨陳氏에게로 가게 될 것일세." 이 말은 과연 적중하여 경공 이후 5세를 지나 강공康公 때에 전화田和가 주 안왕周安王의 명을 받아 제후가 되고 강공을 바닷가로 옮겨 죽게 하니, 강씨姜氏는 결국 대代가 끊어지고 봉사奉祀할 수 없게 되었다.

11) 전씨田氏(제齊)

전씨田氏의 제齊나라는 원래 규성嬀姓이니, 옛날 진 여공陳厲公 타佗의 아들인 완完의 후예이다. 완이 본국인 진陳나라에서 제齊나라로 달아나 진씨陳氏로 살다가, 뒤에 다시 진씨를 전씨로 고친 것이다. 완이 제 환공齊桓公을 보좌하여 공정工正 벼슬을 하다가 죽으니 경중敬仲이란 시호를 받았다. 5세를 지나 희자釐子 걸乞에 와서는 제 경공齊景公을 섬겨 대부가 되었다. 그는 백성들에게 부세를 거두면서 곡식을 받을 때에는 작은 말[小斗]을 쓰고, 내줄 때에는 큰 말을 쓰는 등 음덕陰德을 베풀었는데 경공은 이를 막지 않았다. 이러한 일련의 행동을 통해 제나라 백성들의 마음을 사로잡았고, 걸은 정권을 좌우하게 되었다.

걸이 죽자 아들 성자成子 항恒이 간공簡公을 시해하고 평공平公을 세우니, 그의 봉읍封邑이 평공平公의 식읍食邑보다도 커졌다. 항이 죽고 양자襄子 반盤이 자리에 올라 한씨韓氏 · 조씨趙氏 · 위씨魏氏 등과 사절使節을 통하니, 이는 삼가三家가 장차 진을 차지하고 전씨가 장차 제를 차지하려는 생각이 있기 때문이었다. 장자莊子 백白을 거쳐 태공太公 화和에 이르러 결국 전씨는 주 안왕周安王의 명으로 제후가 되었다.

태공이 죽고 아들 환공桓公 오午가 즉위하였다가 또 죽으니, 그 아들 위왕威王 인제因齊가 즉위하였다. 그러나 초기에는 치적이 보잘것없어 여러 제후에게 침공을 당하였다. 위왕 8년에 초楚나라가 크게 군사를 일으켜 제齊나라를 치므로, 제나라는 순우곤淳于髡을 사신으로 보내 조趙나라에 구원을 청하였다. 이때 순우곤에게 금 1백 근과 수레를 끄는 말 40필을 가지고 가게 하니 곤이 하늘을 쳐다보며 크게 웃었다. 왕이 "선생은 그 물건이 적다고 생각하시오?" 하니, 순우곤이 말하였다. "신이 등청하는 길에 보니 마침 길가에 풍년 들기를 기원하는 사람이 있었는데, 그는 겨우 돼지 다리 한 개와 술 한 병을 차려놓고 이렇게 축수를 하는 것이었습니다.

좁은 땅의 곡식들은 부담농에 가득하고
낮은 땅의 곡식들은 수레에 가득하네

오곡들도 잘 여물어
온 집안이 풍년일세

신은 그가 차려놓은 것은 보잘 것이 없는데 바라는 것은 너무도 많은 것을 보았기 때문에 웃었던 것입니다."

왕이 이에 황금 1천 일鎰과 백벽白璧 10쌍, 거마車馬 4백 필을 더 가지고 가게 하니, 순우곤이 그대로 길을 떠났다.

이때 제齊나라는 국세를 떨치지 못하고 있었다. 하루는 왕이 즉묵卽墨의 대부를 불러 말하였다.

"당신이 즉묵에서 시무始務한 이래로 날마다 당신을 훼방하는 말이 들어왔소. 그러나 내가 사람을 보내 즉묵의 형편을 살펴보게 하니, 들판이 잘 개간되어 있고 백성의 생활은 넉넉하며, 관청은 일이 없고 동쪽 지방은 평안하다는 것이었소. 그런데도 훼방하는 말이 들어왔던 것은 당신이 내 측근들의 비위를 맞추면서 도와주기를 바라지 않았기 때문이었소."

그리고 그에게 만호萬戶의 식읍을 봉해주었다.

왕이 또 아阿의 대부를 불러 말하였다.

"당신이 아읍阿邑을 맡아본 뒤로 날마다 당신을 칭송하는 말이 들어왔소. 그러나 내가 사람을 놓아 아읍을 살펴보게 하니, 들판은 묵어 있고 백성은 가난과 굶주림에 허덕이며, 조趙나라가 견읍鄄邑을 공격해도 당신은 구원할 생각이 없었고, 위衛나라가 설

제 위왕齊威王이 현인賢人을 표창하고 간신姦臣을 제거하다

릉薛陵을 빼앗았는데도 당신은 알지 못하였소. 그런데도 칭송하는 말이 들어왔던 것은 당신이 후한 뇌물을 써서 내 측근들의 비위를 맞추면서 칭송을 구하였기 때문이었소."

그날로 아 대부와 일찍이 그를 칭송하였던 자들을 모두 열탕에 넣어 죽여버렸다. 이렇게 되자 신하들이 모두 두려워하여 감히 거짓으로 꾸미는 말이 없어지니, 제나라가 잘 다스려지고 제후들도 감히 다시 침략하지 못하였다.

제 위왕齊威王이 위 혜왕魏惠王과 교외에서 사냥을 하였는데, 혜왕이 묻기를 "제나라에 보배가 있습니까?" 하니, 위왕이 "없습니다." 하였다. 혜왕이 말하기를 "과인의 나라가 작기는 하지만, 그래도 수레의 앞뒤로 각각 12대를 비출 만한 직경 1촌의 구슬이 10개나 있습니다." 하였다. 위왕이 대답하기를 "과인의 보배는 왕의 것과 같지 않습니다. 내 신하 중에 단자檀子라는 사람이 있는데, 그에게 남성南城을 지키게 하면 초나라가 감히 쳐들어와 노략질하지 못하고, 사수泗水 근방 열두 제후들도 모두 제나라에 와서 조현朝見을 합니다. 또 반자盼子라는 신하가 있는데, 그에게 고당高唐을 지키게 하면 조나라가 감히 동쪽으로 황하까지 와서 고기잡이를 하지 못합니다. 뿐만 아니라 금부黔夫라는 사람에게 서주徐州를 지키게 하면 연나라가 북문北門에서, 조나라가 서문西門에서 제사를 지내며 사단이 나지 않기를 빌게 되고, 종수種首라는 이에게 도적을 방비하게 하면 사람들은 길에 떨어진 물건도 줍

지 않게 됩니다. 이 네 신하들의 위엄이 장차 천 리의 먼 곳까지 비출 것이니 어찌 다만 12대의 수레를 비추는 데 그치겠습니까." 하니, 혜왕이 부끄러운 빛을 보였다.

위왕이 죽고 아들 선왕宣王이 즉위하였는데, 그는 문장과 유세를 잘하는 선비를 좋아하여 추연騶衍 · 순우곤淳于髡 · 전병田駢 · 신도愼到 등의 무리 76인을 모두 상대부上大夫로 삼았다. 이 때문에 제나라 직하稷下에 학자들이 성황盛況을 이루니 그 수가 수백 명이나 되었다. 그러나 맹자孟子 같은 이가 여기에 와 있었는데도 선왕은 그를 등용하지 못하였다.

위나라가 한나라를 공격하자 한나라는 제나라에 구원을 요청하였는데, 제나라는 전기田忌를 대장으로 삼아 한나라를 구원하게 하였다. 위나라의 대장인 방연龐涓은 일찍이 손빈孫臏과 함께 병법을 배운 적이 있었는데, 본인이 대장이 되기는 했지만 자신의 재능이 손빈에게 미치지 못한다고 여겨서, 법으로 옭아매 손빈의 두 발을 자르고 얼굴에는 묵형墨刑을 가해버렸다. 마침 제나라 사신이 위나라에 갔다가 살그머니 손빈을 수레에 태우고 제나라로 돌아왔다.

이때에 이르러 손빈이 제나라의 군사 참모가 되어 곧장 위나라 수도로 쳐들어가니, 방연은 한나라를 떠나 위나라로 돌아오려 하였다. 손빈은 위나라 땅에 들어가 있는 제나라 군사들에게 첫

손빈孫臏이 거짓으로 미친 체하여 화를 벗어나다

날에는 화덕 10만 개를 만들게 하고, 이튿날에는 5만 개, 또 그 이튿날에는 2만 개를 만들게 하였다. 방연이 줄어드는 화덕을 보고 크게 웃으며 말하기를 "내 원래부터 제나라 군사들은 겁쟁이인 줄 알고 있었지만 그들이 우리 땅에 들어온 지 사흘 만에 도망쳐버린 사졸들이 반수도 더 되는구나." 하고는, 이틀에 갈 길을 하루에 가며〔倍日幷行〕 급히 추격하였다.

손빈이 위나라 군사의 행군 속도를 계산해보니 저녁쯤이면 마릉馬陵에 당도하게 될 것인데, 이곳은 길이 좁고 좌우에 장애물이 많아 병력을 숨기기에 적당하다고 생각하였다. 이에 큰 나무를 찍어내어 하얗게 껍질을 벗긴 다음 '방연이 이 나무 아래에서 죽게 될 것이다.'라고 쓰게 하였다. 그리고 사격에 능한 제나라 군사 1만 노병弩兵에게 명하여 길 양쪽에서 숨어 있다가 저녁때 횃불이 들리는 것을 보면 사격을 개시하라고 약속해두었다. 그날 밤 방연이 과연 벗겨진 나무 아래에 이르러 하얗게 써진 글씨를 보고서 불을 비추니, 1만의 노병이 일제히 화살을 쏘아댔다. 위나라 군사가 크게 어지러워져 갈피를 잡지 못하였는데, 방연이 스스로 제 목을 찌르며 말하기를 "결국 저 보잘것없는 놈에게 명예를 안겨 주었구나." 하였다. 제나라 군사가 위나라 군사를 크게 격파하고 위나라 태자 신申도 사로잡아 버렸다.

선왕이 죽고 민왕湣王이 즉위하였다. 당시 정곽군靖郭君 전영田嬰은 선왕의 이복아우로서 설薛에 봉해졌었는데 그에게는 전문田

마릉馬陵에서 만노萬弩로 방연龐涓을 쏘다

文이라는 아들이 있었다. 전문은 식객 수천 명을 거느려서 명성이 제후들 사이에 자자하였으며, 세상에서는 그를 맹상군孟嘗君이라 불렀다.

진 소왕秦昭王이 그의 출중함을 듣고 먼저 제나라에 인질을 보낸 다음 만나보기를 청하므로 맹상군이 진나라로 갔는데, 진나라에서는 그를 잡아 가둬놓고 죽이려 하였다. 맹상군이 소왕의 총애를 받는 여인에게 사람을 보내어 풀어주기를 청하니, 그 여인이 말하기를 "당신들이 가지고 있는 호백구狐白裘(흰 여우로 만든 갖옷)를 가졌으면 한다." 하였다. 그런데 호백구는 맹상군이 일찍이 소왕에게 바쳐서 다른 물건이 없는 상황이었다. 마침 식객 중에는 좀도둑질을 잘하는 자가 있어 그가 진나라의 창고로 들어가 호백구를 꺼내다가 여인에게 바치니 그녀가 소왕에게 말을 잘해서 마침내 풀려나게 되었다. 풀려난 맹상군 일행은 곧바로 말을 달려 그곳을 빠져나갔는데, 이때 그는 변성명을 하고 밤중에 함곡관函谷關까지 갔으나 관법關法에 닭이 울어야 문 밖으로 내보내줄 수 있다고 하였다. 진 소왕이 풀어준 것을 후회하여 추격을 해오면 어쩌나 하고 마음을 졸이고 있는데, 이번에는 식객 중에 닭 울음소리를 잘 내는 자가 있어 소리를 내니 그 근방의 닭들이 일제히 울어대므로 마침내 문지기가 통행증을 발급하고 내보내주었다.

한 식경이나 지나 과연 추격하는 자들이 이르렀으나 붙잡지 못하였다. 맹상군이 제나라로 돌아온 뒤 진나라를 원망하여 한

韓 · 위魏나라와 함께 진나라를 공격하여 함곡관까지 쳐들어가니 진나라는 성을 떼어주고 제나라와 화의和義를 맺었다. 그 후 맹상군은 제나라의 재상이 되었으나 어떤 자가 왕에게 그를 참소하자 외국으로 달아나버렸다.

민왕이 송나라를 멸망시키고 나서 교만한 기색이 있었다. 이때 연 소왕燕昭王은 이전에 제나라가 연나라를 쳐부순 일을 원망하여 제후들과 모의하여 제나라를 공격하였다. 연나라 군사들이 제나라의 도읍인 임치臨淄로 쳐들어가니 민왕은 거莒로 도망을 쳤다. 이에 초나라 장수 요치淖齒가 제나라를 구원하러 출병했다가 도리어 민왕을 죽인 다음, 연나라와 함께 그 전에 제나라가 침략했던 땅을 나누어 점령하였다.

왕손가王孫賈가 거莒에서 민왕을 수행하다가 혼란 중에 왕의 거처를 잃어버리고 집으로 돌아오니 그의 어머니가 말하였다.

"나는 네가 아침에 나갔다가 저녁에 들어올 때면 문간에 기대어 너를 기다리고, 또 네가 저녁에 나갔다가 돌아오지 않으면 마을 어귀에 기대어 바라보는 때도 있었다. 그런데 네가 이제 군왕을 섬기다가 왕이 피신을 하였는데 그 거처조차 알지 못하고 있으니, 대관절 네가 무슨 낯으로 집에 들어온단 말이냐."

왕손가는 이에 요치를 공격하여 죽이고, 민왕의 아들인 법장法章(양왕襄王)을 찾아 왕위에 앉힌 다음 거를 지키며 연나라에 대항

하였다.

이때 제나라 성 가운데 오직 거莒와 즉묵卽墨만이 항복하지 않고 있었다. 이에 즉묵 사람들이 전단田單을 장군으로 추대하니, 전단이 몸소 널판과 삽을 들고 사졸들과 함께 일을 분담하고 자기의 처첩들까지도 항오行伍에 편입시켰다. 그리고 성 안의 기물을 수습하여 소 1천여 필을 얻고서, 오색과 용무늬를 그려넣은 붉은 비단옷을 만들어 입히고 그 뿔에는 칼날을 묶어놓으며, 꽁무니에 풀잎을 묶고 기름을 부어 그 끝에 불을 붙였다.

또 한편으로 성벽 수십 군데에 구멍을 뚫고 밤중에 소들을 풀어놓으면서 장사들에게 그 뒤를 따라가게 하니, 소들은 꽁무니가 뜨거워 펄펄 뛰며 연나라 군사들이 있는 곳으로 치달아갔다. 소들이 부딪히는 곳마다 연나라 군사들은 모조리 죽거나 다쳤는데, 이때 성 안에서 북을 치고 함성을 울리며 추격하니 그 소리가 천지를 진동하였다. 연나라 군사가 패주하니 항복하였던 제나라의 70여 성이 모두 다시 제나라로 돌아오게 되었다. 이후 거에서 양왕襄王을 맞이하고, 전단을 봉하여 안평군安平君으로 삼았다.

이후 전단이 적狄을 공격하였으나 석 달 동안 함락하지 못하니 노중련魯仲連이 말하였다.

"장군께서 즉묵에 계실 때는 '나는 이제 갈 곳이 없다. 종묘사직도 망해버리고 말았다.'라고 하여, 장군은 오직 싸우다 죽고자 하는 마음만 있고 사졸들은 살아남을 생각이 없어서 상하가 모두 눈물을 뿌리고 팔을 걷어붙이며 싸움에 나아가고자 했습니다. 그런데 지금 장군께서는 동쪽으로 액읍液邑에서 나오는 봉록이 있고, 서쪽으로 치수淄水 가에서 먹고 마시는 즐거움도 있으며, 황금을 몸에 두르고 치수와 민수澠水 사이에 노니는 즐거움도 있으십니다. 그러니 살아 있는 재미가 있을 뿐 죽을 마음은 조금도 없으므로 이기지 못하는 것입니다."

전단이 이튿날 기운을 떨쳐 성을 순시하며 직접 싸움터에 나아가 북채를 잡고 독려하니 적인狄人들이 마침내 항복하였다.

양왕이 즉위하자 맹상군은 중립으로 제후가 되어서 제齊나라와 위魏나라 어느 편에도 들지 않으니, 양왕이 맹상군을 두려워한 나머지 화친 정책을 취하였다. 처음에 풍환馮驩이 맹상군이 식객을 좋아한다는 말을 듣고 그를 찾아가 보았는데, 이때 풍환을 전사傳舍(3등 시설)에 유숙시켰다. 풍환은 전사에 묵은 지 열흘이 지나자 칼자루를 두드리며 노래하기를 "긴 칼아, 돌아가자꾸나. 밥상 위에 생선이 없구나." 하였다. 이것을 듣고 맹상군은 그를 행사幸舍(2등 시설)로 옮긴 다음 끼니때에는 밥상에 생선도 놓아주었다. 그랬더니 그가 또 노래하기를 "긴 칼아, 돌아가자꾸나. 출입할 때 수레가 없구나." 하였다. 맹상군은 그를 다시 대사代舍(1등 숙소)로 옮긴 다음 출입할 때에는 수레도 준비해주었다. 그런데도 그는 또 노래하기를 "긴 칼아, 돌아가자꾸나. 집을 지니고 살림을 할 수가 없구나." 하였다. 맹상군은 이것을 듣고 불쾌하게 여겼다.

당시 맹상군의 봉읍封邑에서 들어오는 수입으로는 식객들을 거두어 기르기가 넉넉하지 못했다. 그래서 사람을 설薛로 보내 그곳에서 비용을 염출捻出해볼 생각을 하였는데, 대부貸付를 받은 백성들의 대부분은 이자도 내지 못하고 있었다. 맹상군이 이에 풍환을 보내 그에게 이 일을 독촉하게 하였는데, 풍환이 설에 가서 이자를 내지 못하는 백성들의 대부 증서를 거두어들인 다음 이를 태워버렸다. 맹상군이 성을 내니 풍환이 말하였다. "이것은 설의 백성들에게 그대를 친애하는 마음을 갖게 하고자 해서 한 일입니다." 이후 맹상군은 과연 설공薛公이 되어 설에서 생을 마쳤다.

양왕이 죽고 아들 건建이 섰는데, 그의 어머니 군왕후君王后는 현명하여 진秦나라를 섬기는 데에도 성의를 다하고 다른 제후들과도 신의를 지켰다. 군왕후가 죽자 제나라의 식객들 중에 진나라의 뇌물을 받은 자들이 많아서 이간질을 하면서 왕에게 진나라에 조빙朝聘하기를 권하였다. 뿐만 아니라 그들은 전쟁에 관한 준비도 소홀히 하면서 다섯 나라를 도와 진나라를 공격하는 일도 돕지 않았다. 그러다 진왕秦王 정政이 다섯 나라를 멸하고 그 군사들이 임치臨淄에 쳐들어가니 제나라 왕 건이 결국 항복하였다. 진나라는 그를 공共으로 옮겨 소나무와 잣나무 수풀 사이에 방치하여 죽게 하고서 제나라 지역을 진의 한 군郡으로 편입하였다. 제나라 사람들이 노래하기를 "소나무야, 잣나무야. 건을 공共에 살게 한 자가 객이었단 말이냐.[39]" 하였다.

12) 조趙나라

조趙나라의 선조는 본래 진秦과 동성同姓(강씨姜氏)으로 비염蜚廉을 시조로 한다. 비염에게는 아들 계승季勝이 있었고, 그 후 조보造父라는 이가 주 목왕周穆王을 섬긴 공으로 조성趙城에 봉해지니 이로부터 조씨趙氏가 되었다.

춘추春秋시대에 조숙趙夙이란 사람이 진晉나라를 섬겼는데, 숙이 성자成子 최衰를 낳고 최가 다시 선자宣子 돈盾을 낳았다. 어떤 사람이 이르기를 "조최는 겨울날의 햇볕과 같지만 조돈은 여름날의 햇볕과 같다." 하니, 이는 겨울날의 햇볕은 친숙하게 느껴지지만 여름날의 햇볕은 겁이 나는 존재이기 때문이었다. 돈이 삭朔을 낳았는데 대부 도안가屠岸賈가 삭의 일족을 멸해버린 사건이 일어났다. 이때 삭의 유복자 무武가 자취를 숨겨 도안가가 찾아낼 수 없었는데, 삭의 식객인 정영程嬰과 공손저구公孫杵臼가 함께 모의하며 말하였다. "아비 없는 고아를 세우는 일과 목숨을 끊는

39) 소나무야……말이냐 : 임금을 송백松栢 사이에서 죽게 한 것은 송백松栢도 아니고 객客도 아닌, 임금 스스로 자초한 재앙임을 풍자한 노래이다.

일 중에 어느 편이 더 어려운 일이겠는가." 하니, 정영이 "죽는 일은 대수롭지 않지만 고아를 세우기는 실로 어려운 것이다." 하였다. 공손저구가 "그렇다면 당신은 그 어려운 일을 맡아 하시오." 하고는 삭이 아닌 다른 아이를 데려다 산속에다 감추어 두었다. 정영이 밖으로 나와 헛소리로 떠들기를 "내게 천금을 주는 이가 있다면 나는 조삭의 유복자가 있는 곳을 알려줄 것이오." 하였다. 도안가가 기뻐하며 사람을 보내 정영을 따라가서 공손저구와 아이를 죽이게 하니, 조삭의 진짜 유복자는 다른 곳에 있었다. 훗날 정영은 무와 함께 도안가를 죽이고 마침내 무를 즉위시켰으나, 스스로는 목숨을 끊어 지하에 있는 선맹宣孟(돈盾)과 공손저구에게 그동안의 일을 보고하였다.

무武가 죽으니 시호를 문자文子라 하였다. 문자가 경숙景叔을 낳고 경숙이 간자簡子 앙鞅을 낳았는데, 간자의 신하 가운데 주사周舍라는 자가 죽자 간자는 조회를 받을 때마다 늘 언짢아하는 기색을 보이며 말하였다.

"천 마리 양의 가죽이 한 마리 여우의 겨드랑이 가죽만 못하다 하는데, 여기 많은 대부들이 조회 때가 되면 그냥 '네, 네' 소리만 했지 주사와 같이 바른말을 하는 사람은 보지 못하였소."

간자에게는 큰아들 백로伯魯와 작은아들 무휼無恤이 있었다. 어느 날 간자는 두 개의 죽간竹簡에다 훈계를 하는 내용을 써서 두 아들에게 건네주면서 '이것을 잘 기억해두어라.' 하고는, 3년이 지나서 죽간에 관한 이야기를 물었다. 백로는 훈계의 내용을 기억해내지 못할 뿐만 아니라 그 죽간을 가져오라 해도 이미 잃어버리고 없다고 하였다. 반면 무휼은 그 내용을 익숙하게 외우고 또 그 죽간을 가져오라 하니 선뜻 품속에서 꺼내어 바쳤다. 그리하여 간자는 무휼을 세워 후계자로 삼았다.

간자가 윤탁尹鐸에게 진양晉陽을 다스리게 하니, 윤탁이 물었다. "진양에 가서 누에고치의 실을 뽑듯이 가혹하게 징세를 해야겠습니까, 아니면 세금을 줄이고 백성을 보호하여 그들이 국가의 보루가 되도록 해야겠습니까?" 간자가 "국가의 보루가 되게 해야 할 것이오." 하니, 윤탁이 부임하여 세금을 낮추기 위해 백성들의 호구戶口를 줄였다. 어느 날 간자가 무휼에게 말하기를 "우리 진나라에 만약 어려운 일이 생긴다면 그때에는 반드시 진양을 귀의처로 삼아야 할 것이다." 하였다.

간자가 죽고 무휼이 즉위하니 이 사람이 곧 양자襄子이다. 지백智伯이 한씨韓氏 · 위씨魏氏에게 영지領地의 일부를 떼어줄 것을 요구하자 이들은 모두 들어주었는데, 조씨趙氏에게도 같은 요구를 하자 양자가 들어주지 않았다. 이에 지백이 한씨 · 위씨의 군사를 이끌고 조나라를 공격하니 양자는 진양으로 몸을 피하였다. 그러자 세 대부가 진양성을 포위하고 수공水攻으로 성에 물을 대니, 성에 잠기지 않고 남아 있는 부분이 3판版(6척)밖에 되지 않을 정도였다. 취사장도 물에 잠겨서 개구리가 떠다닐 정도가 되어 버리고 말았으나 백성들은 조금도 배반하려 하지 않았다. 한편 양자는 살그머니 한씨 · 위씨에게 접근하여 동맹을 맺고, 함께 지백을 공격하여 패배시키고 지씨 일족을 멸해버린 다음 그 땅을 나누어 점령해버렸다.

양자는 지백의 머리통에 칠을 발라서 이것을 소변기로 만들었다. 그러자 지백의 신하였던 예양豫讓이 앙갚음을 할 생각으로 거짓으로 죄수의 행색을 하고 비수를 품은 채 양자의 궁으로 들어가 뒷간에서 흙을 바르는 척 하였다. 양자가 뒷간을 가다가 어쩐지 마음이 두근거리고 불안하여 근처를 수색하고 예양을 찾아내었다. 양자가 예양에게 물었다.

"그대는 일찍이 범씨范氏와 중항씨中行氏를 섬기지 않았던가. 일전에 지백이 그 두 사람을 죽여 없앴는데도 그대는 복수할 생각을 하지 않고 도리어 지백에게 예물을 들고 가 신하 노릇을 하였다. 그런데 이제 지백이 죽자 그대가 유독 이 지백에게만 원수 갚을 생각을 간절히 하고 있으니, 이게 대체 무엇 때문이란 말이냐."

예양이 대답하였다.

"범씨와 중항씨는 나를 그저 보통 사람〔衆人〕으로만 대접해주었으니, 나 또한 그들을 보통 사람으로만 대접했지요. 그런데 지백은 나를 이 나라에서 가장 훌륭한 인물〔國士〕로 대접해주었으니, 나도 그분을 가장 훌륭한 인물로 대접하는 것입니다."

양자가 말하였다.

"지백이 죽고 나서 그 후계자가 없으므로 이 사람이 원수를 갚아주고자 한 것이로다. 진실로 의로운 인물이니 그냥 풀어주어라. 우리 쪽에서 삼가 피하면 그만일 것이다."

예양이 다시 그 몸에 검은 칠을 발라 마치 문둥병 환자같이 위장을 하고, 숯가루를 삼켜 목소리를 바꾸고 벙어리 행세를 하면서 시장 거리를 누비며 걸식을 하였다. 그 행색은 그의 아내조차도 알아보지 못할 정도였으나, 그의 친구가 알아보고서 이렇게 충고하였다.

"자네의 출중한 재주로 조양자의 신하가 되어 그를 섬기면 틀림없이 총애를 얻을 수 있지 않겠는가. 그리고 그렇게 될 때에 자네가 하고자 하던 일을 하게 된다면 도리어 수월하지 않겠는가. 어찌 이렇게 스스로 고생을 하고 있단 말인가."

예양이 대답하였다. "그것은 안 될 말일세. 이미 예물을 가지고 가 신하가 된 몸으로서 그를 또 죽이려고 한다면 이는 두 마음을 가진 자의 행실이 아닌가. 지금 내가 하고자 하는 일은 실로 어렵기 이를 데 없는 것이지만, 그러나 이렇게 하는 이유는 장차 천하 후세에 남의 신하가 되어서 두 마음을 가진 자에게 부끄러운 마음을 느끼게 하려는 것일세."

양자가 외출을 하는 기회에 예양은 다리 밑으로 가서 숨어 있었다. 양자를 태운 말이 놀라기에 근처를 수색한 끝에 예양을 찾아내어 결국 죽여버리고 말았다.

양자가 백로의 손자 완浣을 후계로 세우니 이가 곧 헌자獻子이다. 헌자가 열후烈侯 적籍을 낳았는데, 그는 주周나라 위열왕威烈王의 명으로 제후가 되었다. 그로부터 무공武公 · 경후敬侯 · 성후成侯를 거쳐 숙후肅侯 때에 이르러 진秦나라가 제후들을 공갈하여 토지를 내놓으라고 을러대는 것이었다. 이 무렵 낙양洛陽에 소진蘇秦이란 사람이 있었는데, 진 혜왕秦惠王에게 천하통일에 관한 유세를 하였으나 등용되지 못하였다. 이에 연 문후燕文侯에게 가서 유세하여 조趙나라와 종친從親(연합)하게 하자, 연나라에서는 그에게 여비를 주어 조나라로 가도록 하였다. 소진이 숙후를 만나 다음과 같이 유세하였다.

"여러 제후들의 군사를 합치면 진나라 군사의 열 배는 될 것입니다. 그러니 이 병력들을 합쳐 서쪽으로 진공한다면 진나라는 반드시 깨지고야 말 것입니다. 대왕을 위하여 생각해보건대 6국이 종친을 해서 진나라를 물리치는 것보다 나은 계책은 없는 것으로 압니다."

이에 숙후가 또 여비를 주어 다른 제후들과 종친을 맺도록 하니, 소진이 속담을 들어가며 제후들에게 유세하기를 "차라리 닭의 주둥이가 될지언정 소의 꽁무니가 되지는 말아야 합니다." 하니, 결국 6국의 합종이 성사되었다.

소진은 일찍이 귀곡鬼谷 선생에게 가서 공부를 하였다. 그가 처음 유세를 하러 나갔다가 아무런 성과도 얻지 못하고 돌아오자, 베틀 위에 있던 아내는 본 체도 하지 않았고 형수 역시 밥 지을 생각을 하지 않았다.

이때에 와서 그는 6국 종약從約의 대표가 되어 6국의 재상직을 아울러 겸하고서 고향인 낙양을 지나게 되었다. 그가 타고 있는 수레와 호위 기병, 군장을 실은 수레들이 마치 왕의 그것과 견줄만 하였다. 그리하여 형제자매와 부인네들이 곁눈질만 할 뿐 감히 쳐다보지 못하고 엎드린 채 시식侍食을 하니, 소진이 빙그레 웃으며 물었다. "어찌하여 먼젓번에는 그리 거만하게들 굴더니 지금 와서는 이렇게 공손하단 말인가." 형수가 대답하기를 "계자季子(소진의 자字)의 위상이 높고 돈도 많은 것을 보았기 때문입니다." 하였다. 이 말을 듣고 소진은 탄식하며 말하였다.

"이 한 사람의 몸이 부귀한 자리에 있게 되면 친척들이 모두 두려워하지만, 반대로 빈천한 처지가 되어버리면 모두들 가볍게 생각을 하는구나. 하물며 일반 백성이야 말할 것이 있겠는가. 만일 내게 낙양성洛陽城 아래 비옥한 땅인 부곽전負郭田 2백 이랑 정도가 있어서 의식衣食이 충분하였다면, 어찌 6국 재상의 인수印綬를 찰 필요가 있었겠는가."

그는 천금을 흩어 일가친척과 친구들에게 나누어주었다.

이미 종약이 이루어지고 나서 소진이 조나라로 돌아오니 숙후는 그를 봉하여 무안군武安君으로 삼았다. 그 후에 진나라가 서수

犀首(공손연公孫衍)를 시켜 조나라를 속이고서 합종을 무너뜨릴 심산으로 제齊·위魏나라와 내통하고 조나라를 치니, 소진은 두려워 조나라를 떠났고 종약도 무너졌다.

숙후의 아들 무령왕武靈王이 즉위하였다. 처음으로 호복胡服을 입고서 말을 잘 타고 활을 잘 쏘는 무사들을 불러 모아 오랑캐의 땅을 경략하고 중산中山을 멸한 다음 남쪽으로 진나라를 습격하고자 하였으나 실행하지 못하고 죽었다. 그는 왕위를 아들 혜문왕惠文王에게 전하였다.

혜문왕이 한번은 초나라의 화씨벽和氏璧이라고 하는 보옥寶玉을 얻게 되었는데, 진 소왕秦昭王이 진나라의 열다섯 성과 그것을 바꾸자고 제의하였다. 혜문왕은 그 말을 들어주지 않자니 진나라의 강포함이 두렵고, 들어주자니 사기를 당하면 어쩌나 하는 걱정이 앞섰다. 이때 인상여藺相如가 그 옥벽玉璧을 가지고 가보겠노라고 자원을 하면서 "만약 그들이 성을 내주지 않을 것 같으면 신은 그 옥벽에 흠집 하나 내지 않고 완전한 상태로 가지고 돌아오겠습니다." 하였다. 얼마 후 인상여가 진나라에 도착하였는데 진왕에게는 교환 조건이었던 열다섯 성을 내줄 의사가 조금도 보이지 않았다. 이에 인상여는 속임수를 써 보옥을 도로 수중으로 가져온 다음, 머리카락이 관을 찌를 듯이 노기를 충천하고 기둥 밑으로 물러서서 외쳐댔다. "신의 머리는 이 옥벽과 함께 부

인상여藺相如가 진秦나라를 두 번 굴복시키다

서져버리고 말 것입니다." 그러면서 한편으로는 부하에게 옥벽을 가지고 몰래 빠져나가 먼저 본국으로 돌아가도록 해놓고서 자기는 진왕의 처분을 기다렸다. 진 소왕은 그를 훌륭한 사람이라고 여겨 본국으로 돌아가게 하였다.

진왕秦王이 조왕趙王과 약속하고 민지澠池에서 회동할 적에 인상여가 조왕을 수종隨從하였다. 이윽고 술이 나오며 연회가 시작되자 진왕은 조왕에게 슬瑟이라는 악기를 타보라고 청하니 조왕은 들어주었다. 그러자 인상여가 진왕에게 부缶를 치면서 진나라의 노래를 불러달라고 청했는데 진왕이 거절하였다. 인상여가 말하기를 "지금 대왕과 신과의 거리는 다섯 발자국밖에 되지 않습니다. 그러니 신은 신의 목을 찔러서 쏟아지는 피를 가지고 대왕의 얼굴을 피투성이로 만들어 버릴 수도 있습니다." 하였다. 이 말에 진왕 주위에 있던 신하들이 그를 죽이려 달려들었으나 상여가 질책을 하니, 모두 뒤로 물러서며 두려운 빛을 보였다. 진왕이 마지못해 한 차례 부를 쳤다. 진나라는 끝내 조나라에 위압을 가하지 못했고, 조나라 또한 이에 대한 방비를 철저히 하니 진나라가 그 이상의 야료惹鬧를 부리지 못하였다.

조왕이 진과의 회동에서 돌아와 인상여를 상경上卿에 앉히니 이는 염파廉頗보다 높은 지위였다. 그러자 염파가 말하였다.

"나는 조나라의 장수가 되어 성을 치고 야전을 지휘한 공로가 있는 사람이다. 인상여는 원래 미천했던 사람인데 단지 말재주만을 가지고 나보다 윗자리에 앉아 있으니 나는 그의 수하가 되는 것이 실로 부끄럽다. 내 그를 만나게 되면 반드시 한번 모욕을 줄 것이다."

인상여가 이 말을 듣고는 조회가 있을 때마다 병을 칭탁하며 염파와 자리다툼을 피하였고, 외출을 하다가도 저만치서 염파를 보게 되면 번번이 수레를 돌려 피할 때도 있었다. 이런 것을 보고 그의 수하들이 모두 부끄럽게 여기니 인상여가 대답하였다.

"나는 진나라가 위세를 가지고 군림해오는데도 그들을 공공연히 질타함으로써 그 신하들에게 욕을 보인 사람이다. 내가 비록 어리석다고는 하지만 어찌 염 장군 정도를 두려워하겠는가. 그러나 생각건대 저 강포한 진나라가 우리 조나라에게 위압을 가하지 못하는 것은 오직 염파와 나 두 사람이 버티고 있기 때문인 것이다. 그런데 이제 두 호랑이가 서로 싸움질을 하게 된다면 형세상 양쪽이 모두 살아남지 못하게 될 것이다. 내가 이와 같이 행동하는 이유는 우선 국가의 안위를 생각함이요, 나 자신의 감정은 뒤로 미뤄두고 있기 때문이다."

염파가 이 말을 듣고, 웃통을 벗고 가시나무를 지고서 인상여의 문 앞에 나아가 사죄의 뜻을 표했다. 마침내 두 사람 사이에는 생사를 함께하는 친교〔刎頸之交〕가 이루어졌다.

혜문왕의 아들 효성왕孝成王이 즉위하였다. 이때 진나라가 한

나라를 공격하자 한나라 상당군上黨郡이 조나라로 투항하였고, 진나라는 이에 다시 조나라를 공격하는 상황이 벌어졌다. 이때 염파는 장평長平에다 진을 치고 있으면서 성벽을 굳게 지키기만 할 뿐 나오지는 않는 것이었다. 진나라는 천금을 사용하여 반간反間 전술을 써서 조나라에 이렇게 말을 흘렸다. "진나라에서는 오직 마복군馬服君 조사趙奢의 아들 괄括이 대장으로 기용될까 그것만을 두려워하고 있다." 이에 왕이 염파를 대신하여 조괄趙括을 대장으로 삼자 인상여가 말하기를 "대왕께서 명성만 믿고 조괄을 임용하시지만 이는 마치 기러기발을 아교로 붙여놓고 거문고를 타는 것과도 같습니다. 그는 단지 아비의 글을 읽고 원칙만을 알 뿐 상황 변화에 적절히 대응을 할 줄은 모릅니다." 하였으나 왕은 듣지 않았다.

조괄趙括은 어려서부터 병법을 배워 천하에 자기를 당할 자는 아무도 없을 것이라고 자만하였다. 아비인 조사趙奢와 이야기할 때에도, 조사는 그가 묻는 말에 어려움 없이 대답하지만 그 논리가 훌륭한 것이라고는 여기지 않았다. 이것을 보고 조괄의 어머니가 까닭을 물으니 조사가 대답하였다.

"전쟁이란 사람의 목숨이 달려 있는 험난한 곳인데, 조괄은 이것을 너무도 안이하게 생각하고 있소. 우리 조나라가 만약 조괄을 대장으로 보낸다면 조나라 군사는 반드시 파멸하고 말 것이오."

조괄이 전장으로 나가려 할 때에도 그 어머니는 왕에게 글을 올려 절대로 조괄을 기용해서는 안 된다고 하였다. 조괄은 진지로 나아가서 과연 진나라 장군 백기白起에게 사살을 당하였고, 군사 40만 명도 모두 항복하여 장평長平에서 매장을 당했다.

조나라의 상相인 평원군平原君 공자 승勝은 언제나 식객 수천 명을 거느리고 있었다. 그의 식객 중에 공손룡公孫龍이란 사람이 있었는데, 이른바 '견백堅白'·'동이同異40)'라는 궤변을 잘하기로 유명하였다.

이 무렵 진나라가 조나라의 한단邯鄲을 공격하니 평원군이 초나라로 원군을 요청하러 가게 되었다. 이때 그는 문하에서 문무를 겸비한 자 20명을 선택하여 함께 갈 생각이었는데, 20명 가운데 19명만 확보가 되었다. 이에 모수毛遂가 자원하여 가겠다고 하자 평원군이 말하였다.

"뛰어난 인물이 세상에 있게 되면 마치 송곳이 주머니 속에 있는 것과 같아서 부지불식간에 그 끝이 삐져나오게 되는 것이오. 그런데 이제 선생은 나의 문하에 들어온 지가 3년이나 되었는데

---

40) 견백堅白·동이同異 : 공손룡이 주창하던 궤변으로, 눈으로 돌을 볼 때 빛깔이 흰 것은 알 수 있지만 질이 굳은 것은 알 수 없고, 또 손으로 그것을 만져볼 때 딱딱한 것은 알 수 있지만 흰 것은 알 수 없다. 따라서 '단단하고 하얀 돌〔堅白石〕'이란 것은 동시에 성립될 수 없는 개념이라는 논법이다. '동이同異(다른 것을 같은 것이라고 우김)'의 논리도 비슷한 개념을 갖는 일종의 궤변이다.

도 아직 이렇다 할 소문을 들은 바가 없소."

모수가 대답하였다. "저를 한번 주머니 속에 들어가 있을 수 있게 하시면 안쪽의 자루까지도 튀어나오게 될 것입니다. 어찌 송곳의 끄트머리만 보일 뿐이겠습니까." 평원군은 마침내 그를 수행원으로 넣어주었으나, 먼젓번에 선택된 19명은 서로 눈짓을 하며 냉소하는 빛을 보였다.

초나라에 이르러 합종이 쉽사리 타결되지 않자, 모수는 허리에 찬 칼자루를 어루만지며 성큼성큼 계단을 뛰어올라 외쳤다.

"합종에 관한 이해득실은 단지 두 마디만 해버리면 끝이 나고 말 것을, 이제 해가 뜰 때 논의를 시작해서 한낮이 되도록 결판을 내지 못하고 있으니 이게 대체 뭐란 말입니까."

그러자 초왕楚王은 노발대발 소리를 질렀다.

"어서 내려가지 못할까! 나는 지금 너의 주군과 이야기를 하고 있는데 네가 대관절 무엇하는 자란 말이냐."

그러나 모수는 칼자루를 어루만지며 나아가 외쳤다.

"대왕께서 제게 큰 소리를 치시는 것은 수많은 초나라의 군사가 있기 때문일 것입니다. 그러나 지금 열 발자국밖에 되지 않는 대왕과 저의 거리에서는 그 많은 초나라의 군사들을 믿을 수가 없을 것입니다. 그러니 대왕의 목숨은 저의 손에 달려 있는 것이나 마찬가지입니다. 초나라의 강성함은 천하에 당할 자가 없고 진나라의 백기는 보잘 것도 없는 인물입니다. 그런데도 한번 싸워 영郢과 언鄢을 빼앗겼고, 재차 싸워 이릉夷陵을 소진燒盡하였으며, 거듭 싸워 대왕의 조상을 욕되게 하였으니 이는 백 대의 원수요 조나라로서도 부끄러운 일입니다. 그러니 합종은 초나라를 위한 것이지 조나라를 위한 것이 아닙니다."

이에 초왕이 말하였다.

"사실 그렇다. 실로 선생의 말과 같다. 삼가 사직을 받들고 따라갈 것이다."

그러자 모수가 "닭과 개와 말의 피를 가져오라." 한 다음, 그것을 담은 구리소반을 받들고 왕에게 무릎을 꿇고 나아가 "대왕께서 먼저 삽혈歃血[41]로 합종을 결정하십시오. 다음은 우리 평원군, 그 다음은 제가 할 것입니다." 하고는, 왼손으로 소반을 잡고 오른손으로 19명의 수행원을 불러내어 당 아래에서 삽혈하게 하며 외쳤다.

"그대들은 그저 녹록하기만 한 위인들이니, 이른바 남을 빌어 일을 성사시킬 줄〔因人成事〕이나 아는 무리들이 아니겠소."

평원군이 합종을 타결하고 돌아와 말하기를 "모선생이 한번 초나라에 행차함에 우리 조나라의 위상이 구정九鼎과 대려大呂[42]

---

41) 삽혈歃血 : 희생의 피로 천신天神과 지신地神에게 제사를 지낸 다음, 참석한 사람들이 그 피를 마시고 나머지는 땅에 묻었다. 일설에는 그것을 입가에 바르는 일이라 한다.

42) 구정九鼎과 대려大呂 : '구정九鼎'은 우왕禹王 때 주조하였다는 솥으로 하夏 · 은殷 · 주周 3대에 걸쳐 서로 전하던 그릇이며. 대려大呂는 큰 종의 이름이다. 둘 다 지극히 소중한 왕실의 보기寶器이니, 아주 중한 지위를 비유한 말이다.

보다도 중하게 되었소." 하면서 모수를 상객上客의 지위에 앉혔다. 초나라가 춘신군春申君을 대장으로 삼아 조나라를 구원하러 왔을 때, 마침 위나라의 신릉군信陵君도 와서 조나라를 구원하여 한단성 아래에서 진나라 군사를 크게 무찔렀다.

효성왕의 아들 도양왕悼襄王이 즉위하였다. 그는 다시 한 번 염파를 대장으로 써볼까 하는 생각을 하고 있었는데, 염파는 그때 조나라에서 달아나 위魏나라로 가 있었으므로 왕은 사람을 보내어 그가 아직 쓸 만한 인물인지 살펴보게 하였다. 그러나 염파와 원수지간에 있던 곽개郭開가 사자에게 뇌물을 주며 그에게 불리한 보고를 하도록 하였다. 염파가 사자를 만나 한 끼에 쌀 한 말과 고기 열 근 분량의 식사를 하고 또 갑옷을 입고 말에 올라 쓸 만한 인물임을 과시하였으나, 사자는 돌아가 보고하기를 "염 장군은 아직도 밥을 잘 먹고 있습니다. 그러나 그가 신과 잠깐 앉아 있는 사이에도 세 번씩 소피를 보러 출입을 하더이다." 하므로, 왕은 그가 이미 늙었다고 여기고 끝내 부르지 않았다. 그 후 초나라가 염파를 위나라에서 데려갔는데, 초나라 장군이 되었으나 별다른 공을 세우지 못하고 "나는 조나라에 등용되기를 바란다."라고 하다가 얼마 후에 죽었다.

조나라에서는 이목李牧을 장군으로 삼으니, 그는 일찍이 북쪽 변방에 가 있으면서 흉노를 격파하는 데 공이 있는 사람이었다.

진秦나라 왕오王敖가 반간反間을 놓아 이목李牧을 죽이다

이 무렵 도양왕悼襄王의 아들 유목왕幽繆王 천遷이 즉위하였는데, 진왕秦王 정政이 군사를 보내어 조나라를 치므로 이목은 대장이 되어 그들을 쳐부쉈다. 이에 진나라가 반간을 놓아서 '이목이 장차 반역을 하려 한다.'라고 하니 천遷은 그를 죽여버렸다. 그러자 진나라 군사들이 쳐들어와 천을 사로잡으니 조나라가 무너졌다. 조나라가 멸망하자 남은 조나라 대부들이 조가趙嘉를 세워 왕으로 삼고 대주代州로 가서 왕 노릇 하게 하였는데, 진나라가 쳐들어가 대주를 격파하고 마침내 조나라를 멸망시켜 군현으로 편입시켰다.

13) 위魏나라

위魏나라의 선조는 본래 주周와 동성同姓(희성姬姓)이니, 문왕의 아들인 필공畢公 고高의 후손이다. 그 후 필공의 나라는 없어지고, 그의 후손 필만畢萬이 진晉나라를 섬겨 위魏를 영지로 받았다. 몇 대가 지나 강絳이란 사람이 있었고, 강에서 다시 4대 만에 환자桓子라는 사람이 있어서 한씨韓氏·조씨趙氏와 함께 지씨智氏를 멸한 뒤 그 땅을 분할하였다. 환자의 손자 문후文侯 사斯 때에 주周 위열왕威烈王의 명으로 제후가 되었다. 문후가 복자하卜子夏·전자방田子方을 사부師傅로 모시고, 또 단간목段干木이 사는 마을 앞을 지날 때면 으레 식軾[43]에 의지하여 경의를 표하니 사방의 훌륭한

---

43) 식軾: '식軾'은 수레 앞에 붙어 있는 가로로 된 나무이니, 수레 안에서

선비들이 많이 모여들었다.

한번은 문후의 아들 격擊(훗날 무후武侯)이 길에서 전자방을 만나서, 수레에서 내려 엎드려 인사를 하였는데 전자방이 답례를 하지 않았다. 격이 화를 내며 말하기를 "부귀한 자가 교만을 떠는 것입니까, 아니면 빈천한 자가 교만을 떠는 것입니까." 하니, 전자방이 대답하였다. "그야 빈천한 자가 교만을 떠는 것이지요. 부귀한 자가 어찌 감히 교만한 태도를 보일 수가 있겠습니까. 임금이 백성에게 교만을 떨면 나라를 잃는 것이요, 또 대부가 교만을 떨면 채지采地를 잃게 되는 것입니다. 그렇지만 사士라고 하는 것은 원래가 빈천한 신분이니, 그의 말이 쓰이지 않거나 행동이 맞지 않으면 곧장 신을 신고 떠나버리면 그만인 것입니다. 어디를 간들 빈천한 신분이야 유지를 못하겠습니까." 그러자 격은 자신의 실수를 사과하였다.

문후가 이극李克에게 물었다.

"선생께서 일찍이 과인에게 가르치시기를 '집안이 가난할 때는 현모양처를 생각하고, 나라가 어지러울 때는 훌륭한 재상을 그리게 된다.'라고 하셨습니다. 이제 재상으로 임명할 만한 사람은 위성魏成이 아니면 적황翟璜 두 사람뿐이니 이 중에 누가 더 낫습니까?"

경례를 하게 될 때 이 식軾에 기대어 머리를 숙였다.

이극이 대답하였다.

"벼슬하지 않고 집에 있을 때는 그가 어떤 사람과 친밀하게 지내는지를 보고, 재산이 많을 경우에는 그가 어떤 사람에게 이로움을 베푸는지를 보며, 또 그의 벼슬이 높을 때는 그가 어떤 사람을 기용하는지를 보아야 합니다. 그리고 말직으로 있을 때는 그가 삼가며 하지 않는 일이 무엇인지를 살피고, 가난하게 살 때에는 그가 다른 사람에게서 부정한 것을 취하지 않는지의 여부를 살펴보아야 하는 것입니다. 위에서 말한 다섯 가지 조건은 재상을 결정하는 데 충분한 사항이 될 것입니다."

복자하, 전자방, 단간목 등 문후가 스승으로 여기는 인물들이 모두 위성이 천거하였으므로, 문후는 그를 재상으로 삼았다.

당초에 위衛나라 사람 오기吳起가 노나라에서 벼슬을 할 때, 노나라에서는 그에게 제나라를 공격하게 해보려 하였으나 그가 제나라 여자에게 장가들어 살고 있었으므로 선뜻 결정을 하지 못하고 있었다. 이에 오기는 아내를 죽이고 대장 자리를 요구하여 제나라 군사를 크게 격파하였다. 이후 어떤 이가 '오기는 잔인하고도 박정한 인간이다.' 하고 험담을 하자, 오기는 혹시라도 어떤 죄에 걸릴까 염려되어 도망쳐 위나라로 돌아왔다. 문후는 그를 대장으로 기용하여 진나라의 다섯 개 성을 빼앗는 전과를 거두었다.

오기는 사졸들과 의식衣食을 함께하였는데, 한번은 병졸 가운

오기吳起가 아내를 죽이고 장수가 되기를 구하다

데 악창이 나서 고생하는 자가 있으므로 그는 직접 이 병사의 환부를 입으로 빨아 치료를 해준 일이 있었다. 그 병사의 어미가 이 소식을 듣고 소리 내어 울며 말하였다.

"몇 해 전 오공吳公께서 그 애 아버지의 부스럼도 입으로 빨아주신 일이 있었는데, 그 아버지는 발꿈치를 돌릴 사이도 없이 싸우다 죽었소. 이제 그 아들을 또 빨아서 치료를 해주시니, 어미인 나는 그 애가 어느 곳에서 싸우다 죽을지 실로 알 수가 없구려."

문후가 죽고 격擊이 즉위하니 이 사람이 무후武侯이다. 무후가 한번은 서하西河에 배를 띄우고 내려가다가 중류에 이르러 오기를 돌아보며 말하였다.

"참으로 멋있구나, 산하山河의 견고함이여. 이것이 바로 위나라의 보배가 아니겠는가."

오기는 대답하였다.

"그렇지가 않습니다. 보배는 덕풍德風에 있는 것이지 결코 험준한 산하에 있는 것이 아닙니다. 옛날 삼묘씨三苗氏는 왼쪽에 동정호洞庭湖, 오른쪽에 팽려호彭蠡湖 같은 요해지를 끼고 있었지만 우禹임금이 이를 쳐 없앴습니다. 또 걸桀의 도읍지는 왼쪽에 하수河水와 제수濟水, 오른쪽에 태화산泰華山, 그리고 남쪽에 이궐산伊闕山, 북쪽에 양장판羊腸坂 같은 천험天險이 있었지만 역시 탕湯임금이 그를 내쫓아버렸습니다. 뿐만 아니라 주紂의 나라는 왼쪽에 맹문산孟門山, 오른쪽에 태행산太行山에다, 항산恒山이 북쪽에 있고 대하大河가 남쪽을 흘러가고 있었지만 무왕武王이 죽여버렸습니다. 만일 대왕께서 덕을 닦지 않으신다면 이 배 안에 있는 사람들도 모두 적국의 백성이나 다를 바가 없습니다."

이 말에 무후는 "과연 경의 말이 옳소." 하였다.

무후가 죽고 아들 혜왕惠王 영罃이 즉위하였다. 그는 동쪽으로 제나라에 패하여 장군 방연龐涓이 태자 신申과 함께 죽고, 남쪽으로는 초나라에 패하고 서쪽으로는 진나라에 땅을 빼기는 등 실패를 거듭했다. 그리하여 말을 겸손하게 하고 예물을 후하게 마련하여 어진 이를 초빙하는 정책을 쓰게 되는데, 이때 맹자孟子도 여기에 이르렀으나 혜왕이 쓰지 못하였다. 이후 아들 양왕襄王이 즉위하자 맹자는 위나라를 떠나 제나라로 가고 말았다.

위魏나라 사람 장의張儀는 소진과 함께 같은 스승 밑에서 공부를 하였다. 그가 일찍이 초나라에 유세하러 갔다가 초나라 재상에게 모욕을 당했는데, 그의 아내가 화가 나서 불평을 하니 장의가 말하였다. "나의 혀를 좀 보구려. 혀가 아직도 남아 있소?"

얼마 후에 소진이 합종의 맹약을 맺었을 때에 장의를 격분시켜 진秦나라로 들어가게 하였다[44]. 이에 장의가 말하기를 "소진

44) 장의를……하였다 : 소진蘇秦이 진나라의 방해를 피해 6국의 합종을 성사시키기 위해, 장의張儀를 진나라에 들여보내 재상이 되게 한 것이다.

이 합종의 우두머리로 활동하는 동안에는 내가 어찌 다른 소리를 할 수가 있겠는가." 하였다. 그러나 소진이 조나라를 떠난 다음 합종은 무너졌고, 이로부터 장의는 횡橫으로 6국을 연결하여〔連橫〕 진나라를 섬기게 하는 데에만 전력을 다하였다.

진 혜왕秦惠王 때에 장의는 일찍이 진나라 군사를 이끌고 위나라를 쳐서 하나의 읍(포양蒲陽)을 얻었다가 다시 위나라에 돌려주었는데, 얼마 후에는 위나라를 속여 땅을 떼어다가 진나라에 사례하게 하고는 돌아와 진나라의 재상이 되었다. 얼마 후에 다시 나와서 위나라 재상이 되었으나 실상 진나라를 위한 계책이었다. 양왕 때에 그는 다시 진나라로 돌아가 재상이 되었다가, 얼마 후 또 나와서 위나라 재상이 되어 이를 마지막으로 죽었다.

위나라의 안희왕安釐王이 즉위함에 공자 무기無忌를 봉하여 신릉군信陵君으로 삼았다. 무기는 사람을 소중히 여기고 현사賢士들에게도 겸손히 대하였으므로 식객이 3천 명이나 되었다. 진나라가 조나라를 공격할 때 위왕이 진비晉鄙를 보내 조나라를 구원하게 하였는데, 진 소왕秦昭王은 군대를 옮겨 우선 구원군부터 공격하려 하였다. 이에 위왕은 두려워서 진비의 군사에게 행군을 멈추고 업鄴에 진을 치게 하였다. 그러면서 한편으로는 신원연新垣衍을 보내 조나라에 유세하여 함께 진나라를 받들어 제왕으로 모시자고 하였다.

노중련이 소식을 듣고 신원연을 찾아가 보고 말하였다.

노중련魯仲連이 진秦나라를 황제로 받드는 것을 탐탁지 않게 여기다

"저 진나라는 예의를 돌아보지 않고 오직 수공首功[45]만을 으뜸으로 치는 국가입니다. 그러니 그들이 만약 방자하게 천하의 제왕으로 군림하게 된다면 저는 동해를 밟고 나가 죽을 수밖에 다른 도리가 없겠습니다."

신원연이 재배再拜하며 말하였다.

"선생께서는 천하의 명사이십니다. 내 다시는 진나라를 제왕으로 받들자는 말을 하지 않겠습니다."

조나라 평원군平原君의 부인은 위나라 무기無忌의 누이였다. 조나라가 위급한 상황에 놓이자 조나라는 사자를 끊임없이 위나라로 보내 무기에게 원병을 보내줄 것을 촉구하였다. 무기도 이를 왕에게 청하고 또 한편으로는 빈객들로 하여금 여러 방법으로 왕을 설득하게 하였으나 왕은 허락하지 않았다. 이때 빈객 중의 후영侯嬴이란 사람이 무기에게 종용慫慂하기를 "왕의 총애를 받는 여인에게 요청하여 〈업에 주둔하고 있는〉 진비의 병부兵符(부절符節)를 훔쳐내게 하고, 또 역사力士 주해朱亥를 천거해서 함께 가십시오. 만약 진비가 병부를 맞춰보면서 의심을 하면 그 자리에서 그를 쳐 죽인 다음 군사를 탈취하십시오." 하였다. 무기가 이에 처음부터 끝까지 후영의 말처럼 하면서 진비의 군사를 탈취해 진군하여 진나라 군사를 크게 처부쉈다.

45) 수공首功 : 적군의 목을 벤 수로 공을 계산함을 말한다.

이어서 한단邯鄲의 포위도 풀어지게 되었으나 무기는 위나라로 돌아가지 못하였다.

그 후 진나라가 위나라를 공격하자 위나라에서는 이를 걱정한 끝에 사람을 보내어 무기를 청해오게 하였는데, 무기는 돌아갈 생각을 하지 않았다. 식객 중의 모공毛公과 설공薛公 두 사람이 그에게 권하였다.

"지금 위나라가 급한 지경에 있는데 공자께서 이를 구휼하려 하지 않으시니, 하루아침에 진나라가 대량大梁을 함락하여 선왕의 종묘를 짓밟아버리기라도 한다면 공자께서 무슨 면목으로 천하에 설 수 있겠습니까."

이 말에 무기가 수레를 재촉하여 돌아가니, 제후들은 그가 위나라의 장수가 되었다는 말을 듣고 모두 원군을 보내주었다. 그리하여 그는 다섯 나라의 군사를 이끌고 싸워 하외河外(황하黃河의 남쪽 기슭)에서 진나라 군사를 무찔러 버린 다음, 함곡관까지 추격해 갔다가 돌아왔다.

무기가 죽은 지 18년 만에 위왕魏王 가假가 즉위하였고, 2년 후에 진왕秦王 정政이 군사를 보내 위나라를 쳐서 위왕 가를 죽이고 위나라를 멸망시킨 다음 진나라의 군현으로 편입시켰다.

14) 한韓나라

한韓나라의 선조는 본래 주周와 동성同姓(희성姬姓)이니, 무왕武

王의 아들 한후韓侯의 후손이다. 국맥이 끊어졌다가 그 후손이 진晉나라에서 벼슬하여 한씨韓氏가 되었다. 한무자韓武子의 3세가 궐厥이니 궐의 5세인 강자康子 때에 조씨趙氏 · 위씨魏氏와 함께 지씨智氏를 멸했고, 다시 2세 뒤 경후景侯 건虔 때에 주周나라 위열왕威烈王의 명으로 제후가 되었다.

한나라의 재상 협루俠累가 복양濮陽의 엄중자嚴仲子와 불화가 있었다. 엄중자가 지읍軹邑 사람 섭정聶政이 용맹하다는 말을 듣고 그에게 황금 1백 일鎰을 주면서 그것으로 어머니의 축수를 빌고, 이를 인연으로 원수를 갚아줄 것을 부탁하였다. 섭정이 말하기를 "저는 노모가 계셔서 몸을 남에게 내맡길 처지가 아닙니다." 하였는데, 노모가 죽자 엄중자는 섭정을 불러 그 일을 도모하게 하였다.

협루가 관청에 앉아 있고 관부의 군사들이 매우 엄중하게 호위하고 있었는데, 섭정은 곧바로 뛰어들어 그를 찔러 죽이고는 스스로 얼굴 가죽을 벗기고 눈동자를 빼내어 자살하였다. 한나라에서는 그의 시체를 시장 바닥에 늘어놓고 현상금을 걸어 신원을 찾아보았으나 아무도 아는 사람이 없었다. 얼마 후에 그의 누이인 앵嫈이 시체 옆으로 다가가 통곡을 하며 말하길 "이는 심정리深井里에 사는 섭정인데, 누이인 내가 있으므로 이렇게 거듭 자신의 몸을 난도질하여 자취를 없애버린 것이다. 그렇지만 내가 어찌 죽는 형벌이 두려워 어진 동생의 이름을 영영 묻어버릴 수가 있겠는가." 하고는, 결국 섭정의 시체 옆에서 죽어버리고 말았다.

경후의 4세 애후哀侯 때에 도읍을 정鄭으로 옮겼다. 애후의 2세 소후昭侯 때에 정鄭 사람 신불해申不害가 황로黃老와 형명形名의 학설[46]을 통해 소후의 재상이 되니 나라가 잘 다스려지고 군사가 강력해졌다. 소후에게는 해진 바지가 한 벌 있었는데 소후는 이를 잘 보관해두도록 명령을 할 뿐 측근에게 하사해주지 않았다. 이에 대해 시자侍者가 말하기를 "임금께서는 실로 자비롭지 못하십니다." 하니, 소후가 대답하였다.

"밝은 임금은 한 번 찡그리고 한 번 웃는 일을 경솔히 하는 법이 아니다. 낯을 찡그려도 그렇게 할 만한 까닭이 있어서 찡그리는 것이며, 또 한 번 웃어도 역시 그럴 만한 이유가 있어서 웃는 것이란 말이다. 이제 나의 이 해진 바지가 어찌 그냥 한 번 찡그리고 한 번 웃는 일에 비견될 수가 있겠는가. 나는 반드시 공로가 많은 사람을 기다렸다가 그에게 줄 것이다."

소후이 죽고 아들 선혜왕宣惠王이 즉위하였고, 3세가 지나 환

---

46) 황로黃老와 형명形名의 학설 : '황로학黃老學'은 황제黃帝와 노자老子가 주창한 학설인 일종의 은둔사상으로 유가儒家와 대립되어 있던 사상이다. '형명학刑名學'은 한비韓非가 주창한 학설로 인물을 등용할 때 그 사람의 이론 곧 명名과 그의 실제의 성적 곧 형刑의 일치 · 불일치를 살펴 상벌賞罰 · 출척黜陟을 해야 한다는 설이다.

혜왕桓惠王 때에 한나라의 상당上黨을 지키던 군사들이 조나라에 항복하였다. 이는 조나라가 진나라 군사의 공격을 받고 장평長平에서 패배하는 결과를 초래했다. 또 1세 후인 한왕王 안安에 이르러 진왕秦王 정政이 장수를 보내 안安을 사로잡으니, 결국 한나라를 멸망시킨 다음 진나라의 군현으로 편입시켰다.

15) 초楚나라

초楚나라의 선조는 전욱顓頊에서 나왔다. 전욱의 아들이 고양高陽(제곡帝嚳)의 화정火正 벼슬을 하여 그를 축융祝融이라 불렀는데, 그 아우 오회吳回가 다시 그 직책에 있었고, 2세인 계련季連 때에 미성芈姓을 얻었다. 계련 이후에 육웅鬻熊이란 자가 주 문왕周文王을 섬겼고, 그 후 성왕成王 때에 그 아들 웅역熊繹을 단양丹陽에 봉하였는데, 이왕夷王 때 이르러 초자楚子 웅거熊渠라는 사람이 왕의 칭호를 참칭하였다. 그러다가 11세 때 춘추시대가 되자 무왕武王이란 임금이 나와 나라를 더욱 강대하게 하였다. 문왕 때에 처음으로 영郢에 도읍을 정하였고, 성왕 때에는 제 환공齊桓公과 소릉召陵에서 맹약을 하였으며, 얼마 후 송 양공宋襄公과 패권을 다투게 되었고, 그 후 진 문공晉文公과 성복城濮에서 싸운 일이 있었다.

목왕穆王을 거쳐 장왕莊王 때에 와서는 즉위한 지 3년이 되었는데도 아무런 정령政令을 하달치 않을 뿐만 아니라 종일 음주로 즐거움만 일삼았다. 그러면서 전국에 영을 내려 "간언을 하는 자는 살아남지 못하리라." 하였는데, 오거伍擧가 말하였다. "어떤 새가 저 언덕에 있는데, 이놈이 글쎄 3년이나 되었는데 날지도 않고 울지도 않는답니다. 이게 대체 어떻게 된 새이겠습니까." 이에 장왕의 대답하기를 "3년을 날지 않고 있지만 날았다 하면 하늘을 찌를 것이요, 3년을 울지 않고 있지만 울었다 하면 사람을 놀라게 할 것이다." 하였다.

소종蘇從이 또한 들어가 간하니, 왕이 왼손으로 그의 손을 잡고 오른손으로 칼을 뽑아 종과 북을 매달아놓은 끈을 잘라 버리고서 이튿날부터 정사를 보았는데 이때 중책을 맡긴 사람이 바로 오거와 소종이었다. 이리하여 백성들이 크게 좋아하였고, 또 손숙오孫叔敖란 인물을 얻어 재상을 맡기니 마침내 초나라가 제후들 간에 패업을 이루게 되었다.

공왕共王 · 강왕康王 · 겹오郟敖 · 영왕靈王 · 평왕平王 · 소왕昭王 · 혜왕惠王 · 간왕簡王 · 성왕聲王 · 도왕悼王 · 숙왕肅王 · 선왕宣王 · 위왕威王을 거쳐 회왕懷王 때에 와서의 일이었다. 진 혜왕秦惠王이 제齊나라를 치고자 하였으나 제나라가 초楚나라와 종친할까 근심하였다. 이에 장의張儀를 보내 회왕에게 이렇게 권유하게 하였다. "왕께서 관문을 닫고 제나라와 통교를 끊어버리신다면 진나라는 상商과 오於 지역에 걸쳐 있는 6백 리 땅을 바치겠습니다." 회왕이 이 말을 믿고 용사勇士들을 보내어 북쪽으로 제나라 왕에게 무례한 짓거리를 해대니, 제왕이 크게 노하여 진나라와 연합을 하였다. 초나라가 사신을 보내 진나라에게 땅을 달라고 하니, 장의가 말하기를 "어디에서 어디까지 6리 너비의 땅을 드리겠소." 하였다. 왕이 크게 노하여 진나라를 공격하였다가 도리어 크게 패하니, 진 소왕秦昭王이 회왕과 황극黃棘에서 맹약을 하였다.

얼마 후 진나라가 회왕에게 글을 보내어 "원컨대 군왕과 무관武關에서 회동하고 싶소이다." 하였다. 이때 굴평屈平이 불가함을 주장하였으나 자란子蘭이 왕에게 가보라고 권하므로 회동에 나가니, 진나라 사람들이 회왕을 잡아다가 저희 나라로 돌아가버렸다. 초나라는 그 아들 경양왕頃襄王을 세웠고 회왕은 진나라에서 죽었는데, 초나라 사람들이 그를 불쌍히 여겨 마치 친척을 잃은 듯이 슬퍼하였다.

이보다 앞서 굴평은 회왕을 섬기고 있었는데, 그는 참소로 소외를 당한 끝에 〈이소離騷〉라는 부賦를 지어 스스로의 울적한 마음을 원망하기도 하였다. 경양왕 때에 이르러 또 참소를 당하여 강남江南으로 귀양을 갔다가 결국 멱라수汨羅水에 투신하여 죽고 말았다.

진나라가 초나라의 도읍 영郢을 함락시키니, 초나라는 진陳으로 도읍을 옮겼다. 경양왕이 죽고 아들 고열왕考烈王이 즉위한 뒤에 또 수춘壽春으로 도읍을 옮겼는데, 이때 춘신군春申君 황헐黃歇이 재상의 일을 보게 되었다. 이 무렵 제나라에 맹상군孟嘗君, 위나라에 신릉군信陵君, 조나라에 평원군平原君, 초나라에 춘신군春申

君이 있어서 모두 식객을 좋아하였는데, 그중에서도 춘신군의 식객은 수가 3천 명이나 되었다. 한번은 평원군이 춘신군에게 사람을 보내면서 초나라에 과시를 하고자 하여, 사신에게 대모玳瑁[47]로 만든 비녀와 주옥珠玉으로 장식한 칼집을 채워 보냈는데, 춘신군의 상객들이 모두 구슬로 장식한 신발들을 신고 이들을 맞이하는 바람에 조나라 사신이 크게 부끄러움을 당하였다. 조나라 사람 순경荀卿이 초나라로 가니 춘신군이 그를 난릉蘭陵의 현령縣令으로 삼았다.

이원李園이란 자가 그의 누이를 춘신군에게 바쳤다가, 그녀가 임신을 하자 다시 고열왕에게 바쳐서 유왕幽王을 낳았다. 이원은 자객을 보내 춘신군을 살해하여 증거를 없애버린 다음 초나라의 정권을 마음대로 휘둘렀다. 그 후 유왕이 죽고 아우 애왕哀王이 초나라 사람에게 죽임을 당하자 초나라는 그의 서형庶兄 부추負芻를 왕으로 세웠다. 진왕秦王 정政이 장수를 보내 초나라를 격파하여 부추를 사로잡고, 초나라를 멸망시킨 다음 진나라의 군현으로 편입시켰다.

16) 연燕나라

연燕나라는 희성姬姓이니 소공召公 석奭이 봉해진 나라이다. 30여

47) 대모玳瑁 : 바다거북의 껍데기로 만든 장식품.

세를 지나 문공文公 때에 와서 소진蘇秦의 유세를 받아들여 6국과 맹약하고 합종을 하였다. 문공이 죽고 역왕易王 쾌噲가 즉위하였는데, 재위 10년에 나라를 재상인 자지子之에게 넘겨주었다. 이로부터 자지가 남면南面하여 임금 행세를 하고, 쾌는 늙었다는 핑계로 정사를 보지 않고 도리어 신하 노릇을 하니 나라가 크게 어지러워졌다. 이 틈에 제나라가 연나라를 공격하여 그 땅의 일부를 빼앗고서 자지는 소금에 절이고 쾌는 죽였다.

연나라 사람들이 태자 평平을 세워 임금을 삼으니 이가 소왕昭王이다. 소왕은 전쟁에서 죽은 이들을 위로하고 살아 있는 가족들을 돌보았으며, 겸손한 말과 후한 예물로 현자를 초빙하면서 곽외郭隗에게 그 방법을 물었다.

"제나라가 우리의 국난國難을 틈타 연나라를 습격하고 짓밟았소. 나는 우리 연나라의 국력이 약해서 이에 대한 보복을 하기가 쉽지 않다는 것을 잘 알고 있으나, 진실로 현자를 얻어 그와 함께 나라를 경영해서 선왕의 수치를 씻어보고자 하는 것이 바로 나의 소원이오. 그러니 선생께서는 이 일을 잘 해봄직한 사람을 추천해보시오. 그러면 내가 몸소 그를 섬겨보겠소."

곽외가 대답하였다.

"옛날 어떤 임금이 천금을 들여 연인涓人(하급 관리)을 시켜 천리마를 구해오도록 한 일이 있었습니다. 그런데 그가 5백금을 들여 죽은 말의 뼈다귀를 사가지고 돌아오는 것이었습니다. 임금이

악의樂毅가 4국을 설득하여 제齊나라를 멸하다

화가 나 추궁을 하니, 그가 말하기를 '죽은 말도 사들이는데 하물며 살아 있는 말이겠습니까. 이제 훌륭한 말들이 몰려오게 될 것입니다.' 하는 것이었습니다. 그러고 나서 일 년이 못 되어 과연 천리마가 3필이나 이르게 되었습니다. 이제 전하께서 꼭 현자를 초빙하고자 하신다면 우선 이 사람(곽외)으로부터 시작을 해보십시오. 그렇게 되면 저보다 더 훌륭한 인재들이 어찌 천릿길을 멀다 하고 오지 않겠습니까." 이리하여 소왕은 곽외를 위해 집을 고쳐 짓고 그를 스승으로 섬겼다.

이렇게 되자 선비들이 다투어 연나라로 모여들었다. 이들 가운데 악의樂毅라는 자가 위魏나라에서 왔는데, 소왕은 그를 아경亞卿 자리에 앉히고 정사를 맡기었다. 이윽고 악의에게 제나라를 치게 하니, 악의의 군사가 임치臨淄에 들어가기 무섭게 제왕齊王이 도망을 쳤다. 악의는 승승장구하여 6개월 만에 제나라의 성 70여 곳을 함락하였으나 거莒와 즉묵卽墨 두 곳만은 항복시키지 못했다.

소왕이 죽고 혜왕惠王이 즉위하였는데, 혜왕은 태자 때부터 이미 악의와 불화의 감정을 가지고 있던 터였다. 이때 제나라 대장 전단田單이 반간을 이용하여 이런 소문을 퍼뜨리게 했다.

"악의는 새로 임금이 된 혜왕과 사이가 좋지 않아서, 본국으로 돌아가지 않고 제나라를 치고 있다는 명분만을 내세우고 있다. 제나라 사람들은 오직 다른 장수가 와서 즉묵이 함락되지 않을까 걱정하고 있을 뿐이다."

이에 혜왕이 과연 악의를 의심한 나머지, 기겁騎劫이란 장수를 대신 보내면서 악의를 소환하였다. 악의가 조나라로 달아나니, 마침내 전단이 연나라를 쳐부수고 제나라의 성을 회복하였다.

혜왕 이후 무성왕武成王 · 효왕孝王을 거쳐 왕희王喜에 이르렀다. 희喜의 태자 단丹이 진나라에 볼모가 되었던 적이 있었는데, 이때 진왕秦王 정政이 그를 무례하게 대하여 화가 난 나머지 진나라에서 달아나 연나라로 돌아왔다. 단은 진나라를 원망하며 복수할 기회를 노리고 있었는데, 마침 진나라 장군 번오기樊於期가 죄를 짓고 연나라로 망명하자 단은 그를 거두어 은신처를 제공하였다. 한편 단은 위衛나라 사람 형가荊軻가 출중한 사람이란 말을 듣고, 겸손한 말과 후한 예물로 요청하여 데려다가 지극히 봉양하고 있었다.

어느 날 형가를 진으로 보내려 하니, 형가는 번장군의 머리와 연나라 독항督亢 지역의 지도를 가지고 가서 진나라에 바쳐야 한다고 요청하였다. 단이 차마 번오기를 죽이지 못하자 형가가 직접 그에게 가서 자신을 생각을 귀띔하였다.

"바라건대 장군의 머리를 가지고 가서 진왕에게 바쳤으면 합니다. 그렇게 되면 진왕은 필시 기뻐하여 나를 만나보게 될 것이니, 그때에 내가 왼손으로 그의 소매를 잡고 오른손으로 그의 가슴팍을 찔러버리면 장군의 원수도 갚고 연나라의 치욕도 씻을 수가 있지 않겠습니까."

번오기가 이 말에 비분강개한 나머지 마침내 스스로 목숨을 끊으니, 단은 달려가 엎드려 곡한 다음 상자를 가져다가 그의 머리를 넣었다. 또 단은 일찍이 구해두었던 천하제일의 비수에 약품을 묻혀 이를 불린 다음 죄인에게 성능을 시험해보니, 피가 과연 실올처럼 나오다가 이내 죽고 마는 것이었다. 준비가 다 되어 떠날 차비를 해서 형가를 보내주었는데, 형가가 역수易水에 이르러 이런 노래를 하였다.

소소히 부는 바람
역수 강물 차가운데
장사 이제 한번 가면
다시 오지 못하리라

이때 흰 무지개가 햇빛을 가리는 병란의 징조가 있으므로 연나라 사람들은 환란이 일어날까 두려워하였다.

형가가 함양咸陽에 이르니 진왕秦王 정政이 크게 기뻐하며 그를 맞이하였다. 형가가 독항의 지도를 바치는데, 지도의 두루마리가 다 풀릴 즈음에 감춰진 비수가 튀어나왔다. 형가가 진왕의 소매를 잡고 찔렀으나 그 칼이 미처 꽂히기 전에 왕이 놀라 일어나며 옷소매가 끊어지니, 형가가 추격하였으나 왕은 기둥을 돌아 달아났다.

지도를 바친 형가荊軻가 진秦나라 조정에서 싸우다

진나라 법에 전殿 위에서 임금을 모시는 신하들은 아무리 작은 병기라도 지닐 수가 없었으므로, 근신들이 맨손으로 형가를 두들겨 때리며 "왕께서는 칼을 등 쪽으로 돌려 메소서!" 하고 외쳤다. 진왕이 마침내 칼을 뽑아서 형가의 왼쪽 넓적다리를 베니, 형가도 비수를 들어 왕을 향해 던졌으나 맞지 않았다. 형가는 결국 수족과 몸뚱이가 잘린 채 효시梟示를 당하였다. 진왕이 대단히 노하여 군사를 동원하여 연나라를 치니, 희는 단의 목을 잘라 진나라에 바쳤다. 그 후 3년 만에 진나라 군사들이 희를 사로잡고 드디어 연나라를 멸망시켜 진나라의 군현으로 편입시켰다.

17) 진秦나라

진秦나라의 선조는 본래 전욱顓頊의 후손이다. 대업大業이라는 자가 백예栢翳를 낳으니 순舜이 그에게 영씨嬴氏 성을 하사하였다. 그 후에 비렴蜚廉이 있었는데 그의 손자는 여방女防이고, 여방의 후손으로 또 비자非子가 있었다. 비자는 말을 좋아하여 주 효왕周孝王을 위해 견수汧水와 위수渭水 근방에서 말을 관리하였는데, 말이 크게 번식하는 성과를 거두었다. 그리하여 그에게 토지를 나누어주어 부용국附庸國을 삼고 진秦을 영지로 삼게 하였다. 그 후 2세를 지나 진중秦仲 때에 이르러 진나라는 비로소 대국이 되었다.

장공莊公을 지나 양공襄公 때에 이르러 견융犬戎이 주 유왕周幽王을 시해하는 사건이 있었는데, 양공이 주나라를 구원하는 데

공이 있었으므로 그를 봉하여 제후로 삼고 기산岐山 서쪽의 땅을 주었다. 문공文公 · 영공寧公 · 출자出子 · 무공武公 · 덕공德公 · 선공宣公 · 성공成公을 지나 목공繆公 때에 백리해百里奚라는 사람이 있었는데, 그는 원래 우虞나라의 대부였다.

한번은 진晉나라가 괵虢을 칠 계획을 하면서 우나라에게 길을 빌려달라고 하였는데, 사실 이것은 괵과 함께 우까지 아울러 뺏고자 하는 속셈이었다. 백리해는 우공이 간언諫言을 받아들이지 않을 것을 알고 전쟁이 나기 전에 먼저 우나라를 떠나버렸다. 진 목공이 그의 출중함을 듣고는 그를 데려다 재상으로 삼고 진나라의 정사를 모두 그에게 맡겼다. 백리해가 그의 벗 건숙蹇叔을 추천하여 상대부上大夫가 되게 하였다.

목공은 진秦나라에 망명하고 있던 진 혜공晉惠公을 본국으로 돌려보냈으나 얼마 후 혜공이 진秦나라를 배반하여 한韓에서 함께 싸우게 되었다. 목공이 진晉나라 군사에게 포위를 당하였을 때 기산岐山 기슭에는 일찍이 목공의 말을 잡아먹었던 백성 3백 명이 살고 있었는데, 그들이 죽음을 무릅쓰고 진나라 군사들에게 달려들어 싸운 끝에 드디어 목공이 포위에서 벗어나 본진으로 돌아왔다.

이보다 앞서 목공이 좋은 말을 잃어버린 일이 있었는데, 이것을 기산 기슭의 백성들이 붙잡아 함께 먹어버리고 말았다. 해당 관리가 이들을 추적하여 붙잡아 형벌로 다스리려 하자 목공이 제지하며 말하기를 "좋은 말고기를 먹고 나서 술을 마시지 않으면 탈이 난다." 하고, 모두에게 술을 하사하며 용서해주었다. 이때에 이르러 진秦나라가 진晉나라를 공격한다는 소식을 듣고 기산의 백성들이 모두들 종군從軍하고자 해서, 적군의 선봉을 밀어젖히고 결사 항전함으로써 목공의 은덕에 보답하였다.

목공이 또 진秦나라에 망명하고 있던 진 문공晉文公을 본국으로 돌려보냈는데, 그가 진晉나라로 돌아가 즉위하여 제후 중에서 패자霸者가 되었다. 진 문공이 죽자 진秦나라에서는 맹명孟明(백리해의 아들)을 보내 정鄭나라를 습격하고 나아가 활滑까지 쳐부쉈는데, 진 양공晉襄公이 효산崤山에서 진秦나라의 군사를 패배시켰다. 패전 후에도 목공은 맹맹을 버리지 않고 국정을 맡아보게 하였는데, 이후 결국 진晉나라를 쳐서 숙원宿怨을 풀고 마침내 서융西戎의 패자가 되었다.

강공康公 · 공공共公 · 환공桓公 · 경공景公 · 애공哀公 · 혜공惠公 · 도공悼公 · 여공공厲共公 · 조공躁公 · 회공懷公 · 영공靈公 · 간공簡公 · 혜공惠公 · 출자出子 · 헌공獻公을 지나 효공孝公이 되었다. 이때 황하黃河와 화산華山 동쪽으로 강국이 여섯이고 소국이 10여 국이었는데, 그들이 진秦나라를 오랑캐로 취급하고 배척하여 제후들의 회맹會盟에도 끼워주지 않았다. 그러자 효공이 명령을 내렸다.

"빈객이나 신하들 중에서 묘한 계책을 내어 우리 진나라를 강성하게 할 수 있는 자가 있거든, 내 그의 관직을 높여주고 토지를 나눠줄 것이다."

이에 위衛나라 공손앙公孫鞅이 진나라에 들어와 폐신嬖臣 경감景監을 통하여 효공에게 뵙기를 청하였다. 공손앙이 제도帝道와 왕도王道를 가지고 건책建策을 하다가 효공의 이목을 끌지 못하자, 세 번 말을 바꾸어 패도霸道를 가지고 유세한 다음 부국강병에 관한 술책까지 이야기를 하게 되었다. 효공이 크게 기뻐하고 변법變法을 단행하려 하였으나 천하의 여론이 자기를 두고 이러쿵저러쿵 말들을 하지 않을까 두려웠다. 이에 공손앙이 아뢰었다.

"백성이란 일의 처음부터 함께 의논할 대상이 아니고, 일을 이룩해놓은 뒤에 함께 향유할 수 있는 존재일 뿐입니다."

결국 다음과 같이 변법에 관한 명령을 내렸다.

"백성들은 열 혹은 다섯 집씩 조직을 만든 다음 그 안에서 서로 살피고 고발하며, 그렇게 하지 않을 경우 조직 전체가 연좌에 걸리게 한다. 죄인을 알고도 고발하지 않은 자는 허리를 자른다. 죄인을 고발한 자는 적의 머리를 벤 것과 같은 상을 준다. 죄인을 숨겨준 자는 적에게 항복한 것과 같은 벌을 준다. 전쟁터에서 공을 세우면 각각 그 정도에 따라 작위를 받고, 사사로이 싸움을 하면 각각 그 정도에 따라 형벌을 받는다. 나이가 많이 적고를 막론하고 본업에 힘을 다하여 경작과 길쌈을 하고, 곡식과 비단을 많이 낸 사람은 군역을 면제한다. 농사 이외의 돈벌이에 종사하거나 게을러 가난하게 된 자는 처자까지 몰수하여 노비로 삼는다."

이처럼 법령은 이미 구비되었으나 아직 공포하지 않은 상태였다. 나라에서는 3장(30척) 길이의 막대를 국도의 시장 남문 앞에 세워놓고 백성들을 모집하여 "누구라도 이 막대를 북문으로 옮겨놓는 자가 있으면 그에게 10금을 주겠다." 하였다. 백성들은 괴이쩍게 여기며 아무도 감히 옮겨놓는 자가 없었다. 그러자 다시 "이를 옮겨놓는 자에게는 50금을 주겠다." 하여, 어떤 자가 막대를 옮겨놓으니 그에게 선뜻 50금을 내주었다. 이렇게 하고 나서 법령을 공포하였다.

법령이 시행되었는데 태자가 법을 어기게 되었다. 공손앙이 말하기를 "법령이 잘 시행되지 않는 것은 위에서부터 이를 범하기 때문이다. 그렇지만 임금의 자손에게 형벌을 가할 수는 없다." 하고는, 태자의 부傅인 공자 건虔에게 형벌을 가하고 또 사師인 공손가公孫賈에게는 경형黥刑을 가했다. 이에 진나라 사람들이 모두 법령을 따르니, 시행한 지 10년 만에 길에 떨어진 물건을 줍는 자가 없고 산간에는 도적이 없어졌으며 집집마다 살림이 넉넉하게 되었다. 백성들은 나라에서 벌이는 전쟁에는 용감하게 싸우고 사사로운 싸움에는 겁을 내게 되어 향읍鄕邑이 크게 다스려졌다.

한편 시행된 초기에는 법령이 불편한 것이라고 하다가 이제는 법령이 편하다고 말하는 자들이 있었다. 공손앙이 이를 듣고 "이런 자들은 법령을 어지럽게 하는 백성이다." 하고는 그들을 남김없이 변방으로 이주시켜 버리니, 백성들은 감히 법령에 대해 시비하는 자가 없었다. 공손앙은 또 백성들의 부자·형제 등이 한 집에 동거하는 것을 금하고, 정전법井田法을 폐지하며, 논밭 사이의 두렁길도 터서 없애버리게 하고서 다시 부세법賦稅法을 시행하니 진나라가 부강하게 되었다. 공손앙을 상商·오於 등 15읍에 봉하고 상군商君이라 불렀다.

효공이 훙서薨逝하고 혜문왕惠文王이 즉위하자 공자 건의 일당이 상앙이 모반하려 한다고 고발하였다. 이에 상앙은 도망쳐 달아나다가 객사에 들어가 쉬려 하였는데, 객사의 주인이 말하기를 "상군商君의 법령에 여권旅券이 없는 자를 재워주면 연좌에 걸려 처벌을 받게 되어 있소." 하였다. 상군이 탄식을 하며 "법령을 시행해서 스스로 폐단을 만들어낸 것이 한결같이 이 지경에 이르게 되었구나." 하고는 위魏나라로 갔는데, 위나라가 그를 받아주지 않고 진나라로 돌려보내고 말았다. 진나라는 그를 거열형車裂刑에 처한 다음 저잣거리에 걸어놓고 조리돌렸다.

공손앙의 법령 시행이 가혹하여, 전지田地의 면적을 따질 때 보폭이 6자를 초과하면 처벌을 받고, 불을 떼고 남은 재를 길바닥에 버려도 처벌을 받았다.[48] 일찍이 위수渭水가에서 수형자의 죄를 논단한 일이 있었는데 이때 목이 잘린 죄인의 수가 어찌나

많았던지 위수의 강물이 시뻘겋게 흐를 정도였다.

혜문왕이 훙서하고 아들 무왕武王이 즉위하였다. 무왕이 감무甘茂에게 한韓나라를 공격하게 하였는데, 감무가 다음과 같이 말하였다.

"한나라의 의양宜陽은 큰 현縣이니, 실상 군郡 단위에 속하는 고을입니다. 그러니 이제 몇 군데씩이나 되는 험로險路를 뒤로 하고 천릿길을 가서 이를 친다는 것은 어려운 일입니다. 옛날에 노魯나라 사람 가운데 공자의 제자 증삼曾參과 똑같은 성명을 가진 자가 살인을 저지른 일이 있었습니다. 어떤 이가 이 일을 증삼의 어머니에게 가서 이야기하였으나, 그 어머니는 아무렇지도 않은 표정으로 여전히 베틀에 앉아 직물을 짜고 있었습니다. 그러나 이 일을 알려주는 사람이 세 사람이나 되자, 그의 어머니는 북을 던지고 베틀에서 내려와 담장을 넘어 달아나버리고 말았다 합니다. 신의 현명함은 증삼에 미치지 못하고, 대왕께서 신을 믿으심이 또 증삼의 어머니만 못하며, 더구나 신을 의심하는 자는 세 사람뿐만이 아니옵니다. 그러니 신으로서는 대왕께서 신을 의심하는 자들의 말을 들으시고 북을 던져버리지나 않으실까 두려운

48) 전지의……받았다 : 진나라 법제에 6자尺가 1보步이며 240보步가 1묘畝인데, 이것이 초과되면 밭 면적은 넓고 세금은 적게 되므로 이를 처벌하였다. 그리고 재灰는 밭의 거름이 되는 것인데 이것을 버리면 농사를 게을리한 것이 되므로 처벌하였다.

것입니다.

또 옛날 위 문후魏文侯가 악양樂羊에게 중산中山을 공격하게 하였는데, 악양이 출정한 지 3년 만에 중산을 함락하고 돌아오니 본국에서는 논공행상이 있게 됐습니다. 그런데 이 자리에서 문후가 악양에게 그를 비방하는 한 궤짝이나 되는 문서들을 보여주니, 악양은 두 번 절하며 아뢰기를 '중산을 함락한 것은 신의 공이 아니라 전하의 공입니다.' 하였습니다.

지금 신은 타국에서 임시로 와 있는 나그네와 같은 사람에 불과합니다. 그러니 만약 저리자樗里子나 공손석公孫奭 같은 이들이 한나라와 손잡고 신을 비평한다면 전하께서는 틀림없이 그들의 말에 귀를 기울이게 되실 것입니다."

왕이 대답하기를 "과인은 결코 그런 일이 없을 것이오." 하며 식양息壤이란 곳으로 가서 맹약을 하였다. 이리하여 감무가 의양을 치게 되었는데 5개월이 되도록 함락시키지 못하니 이를 보고 두 사람이 과연 논쟁을 하였다. 무왕이 감무를 소환하고 전쟁을 중지하려 하니, 감무가 아뢰었다. "맹약을 하였던 식양이 바로 저쪽에 있습니다." 왕은 결국 후방의 병력까지 남김없이 동원하여 감무를 후원함으로써 마침내 의양을 함락하였다.

무왕은 힘이 세고 유희를 좋아하여, 당시의 역사力士들인 임비任鄙 · 오확烏獲 · 맹열孟說 등이 모두 대관의 지위에 올라 있었다. 하루는 왕이 맹열과 함께 큰 솥을 드는 내기를 하다가 동맥이 끊어져서 죽고 말았다.

아우 소양왕昭襄王 직稷이 즉위하였는데 이때 위魏나라 사람 범저范雎가 일찍이 수가須賈라는 사람을 따라 제齊나라에 사신을 간 일이 있었다. 제왕은 범저가 언변에 능하다는 말을 듣고 그에게 황금과 쇠고기, 술 같은 물건을 주며 환대를 하였다. 이것을 본 수가는 범저가 위나라의 기밀을 제나라에 일러바친 것이라고 의심하여, 본국으로 돌아온 뒤 위나라 재상인 위제魏齊에게 보고하였다. 위제가 분노하여 범저를 매질하니 범저는 갈빗대와 이가 부러지는 중상을 당하게 되었다. 범저가 거짓으로 죽은 척을 하자 위제는 그를 멍석에 말아 뒷간에다 버려두고는 술 취한 빈객들을 불러 번갈아 오줌을 누게 함으로써 후인들의 징계가 되게 하였다.

범저는 옥졸들에게 말을 잘해서 그곳을 탈출하여 장록張祿이라 변성명을 하고 숨어 살았는데, 진나라의 사신 왕계王稽가 위나라에 갔다가 그를 살그머니 수레에 싣고 돌아와 소양왕에게 추천하여 상경客卿이 되게 하였다. 범저는 소양왕에게 먼 나라는 교섭하고 가까운 나라는 공격하는 외교정책〔遠交近攻〕을 건의하였다. 당시 진나라에서는 양후穰侯 위염魏冉이 정권을 마음대로 휘두르고 있었는데, 범저는 왕에게 유세하여 그를 물러나게 하고 그를 대신하여 승상이 되어 응후應侯라고 불렸다.

범저范雎가 죽은 체하며 진秦나라로 도망갈 계획을 하다

얼마 후 위나라에서 수가를 보내어 진나라에 빙문聘問을 하자, 범저가 해진 옷차림으로 살그머니 그 앞에 나아가 인사를 올렸다. 수가가 깜짝 놀라 말하였다. "범숙范叔(범저의 자字)은 그동안 별 일 없이 지냈는가." 그러고는 범저를 끌어다 앉혀놓고 음식을 함께하며 "자네의 행색이 어쩌면 이다지도 초라하단 말인가." 하면서 그에게 명주로 만든 솜옷 한 벌을 내주었다. 마침내 범저는 수가를 위해 마차를 몰고 재상의 거처에까지 가서는 "내가 자네를 위해 먼저 들어가서 우리 재상에게 통고를 하고 옴세." 하며 들어가버렸다.

수가는 범저가 오랫동안 나오지 않는 것을 보고 문지기에게 물으니, 문지기가 말하기를 "이곳에 범숙이라는 사람은 없습니다. 아까 들어가신 분은 우리 재상 장록군張祿君이지요." 하였다. 수가는 속임수에 넘어간 것을 알고 비로소 무릎을 꿇고 기다시피 하며 들어가 사죄를 하였다. 범저는 자리에 앉은 채로 그를 책망하며 말하였다. "당신이 이번에 죽지 않고 살아남을 수가 있었던 것은 아까 준 명주 솜옷에 연연하여 아직 옛 친구라는 생각이 남아 있기 때문이오." 그러고는 크게 잔칫상을 벌여놓고 제후의 빈객들을 불러들인 다음, 그의 앞에는 말에게 먹이는 여물 그릇을 놓게 하더니 말처럼 입을 대고 먹으라고 하였다. 그러면서 본국으로 돌아가 위왕에게 고하게 하기를 "속히 위제魏齊의 머리를 베어 오라. 그렇게 않으면 장차 대량大梁을 도륙해버리겠다." 하였다. 수가가 본국으로 돌아가 위제에게 이야기하니 위제는 위나라에서 달아났다가 죽고 말았다.

범저는 진나라에서 확고한 위상을 지니고 나서 한 끼의 식사를 신세진 데 대해서도 반드시 갚아주었고, 눈살을 찌푸렸을 정도의 하찮은 원한까지도 반드시 보복을 하였다. 한편 소양왕은 범저의 외교정책을 써서, 해마다 삼진三晉(한韓 · 위魏 · 조趙)에 군사를 동원하여 수만 명의 수급을 베니 주 난왕周赧王이 두려워하여 제후들과 합종을 약속하고 진나라를 공격하였다. 그러나 반대로 진나라가 주나라를 공격하니 난왕이 진나라에 들어가 머리를 조아리고 사죄하였고, 주나라 관할 36군을 남김없이 진나라에 바쳤다.

한편 진나라에서는 장군인 무안군武安君 백기白起가 범저와 불화가 생겨 사졸士卒 신분으로 강등이 되었다. 그 후 두우杜郵에서 백기에게 자결하게 하니, 왕이 조정에 나아갈 때면 탄식을 하며 말하였다. "나라 안에는 뛰어난 장군이 없는데 나라 밖에는 강적들이 들끓고 있구나." 이에 범저가 두려워하자 채택蔡澤이 말하였다. "사계절의 순서는 각각 공을 이룬 다음에는 다음 순서로 이동하는 것입니다." 범저가 이 말을 듣고 병을 핑계대며 물러나자 채택이 그를 대신하게 되었다.

소양왕이 훙서하고 아들 효문왕孝文王 주柱가 즉위하였다가 훙

무안군武安君 백기白起가 원한을 품고 두우杜郵에서 자살하다

서하고, 그 아들 장양왕莊襄王 초楚가 즉위하였다가 또 훙서하고, 뒤를 이어 왕이 된 자가 정政이었다. 진나라가 마침내 6국을 합병하니 이 사람이 바로 진 시황秦始皇이다.

〔부 록〕

1. 《십구사략》 총목차

2.《십구사략》 권1 도판목록

《제감도설》 / 48

(15) 〈상왕세계도商王世系圖〉, 왕기(명) 찬,《삼재도회》 / 52

(16) 〈후직后稷〉, 전기(조선) 화,《만고제회도상》 / 54

(17) 〈문왕文王〉, 전기(조선) 화,《만고제회도상》 / 56

(18) 〈무왕武王〉, 전기(조선) 화,《만고제회도상》 / 58

(19) 〈성왕成王〉, 전기(조선) 화,《만고제회도상》 / 60

(20) 〈주공周公〉, 전기(조선) 화,《만고제회도상》 / 61

(21) 〈소공召公〉, 전기(조선) 화,《만고제회도상》 / 62

(22) 〈포褒나라가 미녀를 바치며 속죄하다〉, 풍몽룡馮夢龍(명) 찬,《증상전도동주열국지增像全圖東周列國志》 / 67

(23) 〈주왕세계도周王世系圖〉, 왕기(명) 찬,《삼재도회》 / 70

(24) 〈계찰季札〉, 고원顧沅(청淸) 집輯, 공계요孔繼堯(청) 회繪,《오군명현도전찬吳郡名賢圖傳贊》 / 72

(25) 〈오원伍員〉, 고원(청) 집, 공계요(청) 회,《오군명현도전찬》 / 73

(26) 〈송 양공宋襄公이 거짓 인仁으로 군대를 잃다〉, 풍몽룡(명) 찬,《증상전도동주열국지》 / 78

(27) 〈송 경공宋景公의 선한 말이 하늘을 감동시키다〔善言格天〕〉, 초횡焦竑(명) 찬,《양정도해養正圖解》 / 79

(28) 〈공자孔子〉, 전기(조선) 화,《만고제회도상》 / 85

(29) 〈노자老子에게 예禮를 묻다〔問禮老聃〕〉, 작자 미상,《공자성적도孔子聖積圖》, 국립중앙박물관 / 87

(30) 〈안연顔淵〉, 전기(조선) 화, 《만고제회도상》 / 90
(31) 〈맹자孟子〉, 전기(조선) 화, 《만고제회도상》 / 92
(32) 〈자사子思〉, 전기(조선) 화, 《만고제회도상》 / 94
(33) 〈자산子産〉, 전기(조선) 화, 《만고제회도상》 / 96
(34) 〈진 문공晉文公〉, 풍몽룡(명) 찬, 《증상전도동주열국지》 / 98
(35) 〈성왕成王이 당숙우唐叔虞를 봉하다〔桐葉封虞〕〉, 초횡(명) 찬, 《양정도해》 / 99
(36) 〈제 환공齊桓公〉, 풍몽룡(명) 찬, 《증상전도동주열국지》 / 103
(37) 〈관중管仲〉, 전기(조선) 화, 《만고제회도상》 / 104
(38) 〈제 위왕齊威王이 현인賢人을 표창하고 간신姦臣을 제거하다〔旌賢去姦〕〉, 초횡(명) 찬, 《양정도해》 / 110
(39) 〈손빈孫臏이 거짓으로 미친 체하여 화를 벗어나다〉, 풍몽룡(명) 찬, 《증상전도동주열국지》 / 113
(40) 〈마릉馬陵에서 만노萬弩로 방연龐涓을 쏘다〉, 풍몽룡(명) 찬, 《증상전도동주열국지》 / 115
(41) 〈인상여藺相如가 진秦나라를 두 번 굴복시키다〉, 풍몽룡(명) 찬, 《증상전도동주열국지》 / 129
(42) 〈진秦나라 왕오王敖가 반간反間을 놓아 이목李牧을 죽이다〉, 풍몽룡(명) 찬, 《증상전도동주열국지》 / 137
(43) 〈오기吳起가 아내를 죽이고 장수가 되기를 구하다〉, 풍몽룡(명) 찬, 《증상전도동주열국지》 / 141
(44) 〈노중련魯仲連이 진秦나라를 황제로 받드는 것을 탐탁지 않게

3.《십구사략》권2 도판목록

(31) 〈조충국趙充國〉, 고원(청) 집, 《고성현상전략》 / 154

(32) 〈병길丙吉〉, 고원(청) 집, 《고성현상전략》 / 157

(33) 〈황패黃覇〉, 고원(청) 집, 《고성현상전략》 / 159

(34) 〈왕씨王氏 오후五侯가 권력을 독점하다〔五侯擅權〕〉, 장거정(명) 찬, 《제감도설》 / 173

(35) 〈난간을 수리하여 강직한 신하를 정표旌表하다〔葺檻旌直〕〉, 장거정(명) 찬, 《제감도설》 / 177

(36) 〈서한세계도西漢世系圖〉, 왕기王圻(명) 찬, 《삼재도회三才圖會》 / 188

4. 《제왕도통만년도帝王道統萬年圖》

- 구영仇英(명明) 회繪, 대만 국립고궁박물원 소장 -

(1) 태호 복희씨太昊伏羲氏

(2) 염제 신농씨炎帝神農氏

(3) 황제 헌원씨黃帝軒轅氏

(4) 제요 도당씨帝堯陶唐氏

(5) 제순 유우씨帝舜有虞氏

(6) 후직后稷

(7) 하후씨夏后氏 우禹

(8) 하夏나라 계啓

(9) 은殷나라 성탕成湯

(10) 은殷나라 고종高宗과 부열傅說

(11) 주周나라 문왕文王

(12) 주周나라 무왕武王과 기자箕子

(13) 주周나라 성왕成王과 주공周公

(14) 한漢나라 고조高祖

(15) 한漢나라 문제文帝

(16) 한漢나라 광무제光武帝

(17) 한漢나라 명제明帝

(18) 당唐나라 태종太宗

(19) 송宋나라 태조太祖

(20) 송宋나라 인종仁宗

5. 《역대제왕진상歷代帝王眞像》

- 요문한姚文翰(청淸) 회繪, 뉴욕 메트로폴리탄 미술관 소장 -

(1) 복희씨 진상伏羲氏眞像

(2) 제요 진상帝堯眞像

(3) 상 탕왕 진상商湯王眞像

(4) 주 무왕 진상周武王眞像

(5) 한 고조 진상漢高祖眞像

(6) 한 광무 진상漢光武眞像

(7) 양 무제 진상梁武帝眞像

(8) 수 문제 진상隋文帝眞像

(9) 당 고조 진상唐高祖眞像

(10) 당 태종 진상唐太宗眞像

(11) 송 태조 진상宋太祖眞像

(12) 송 태종 진상宋太宗眞像

(13) 송 진종 진상宋眞宗眞像

(14) 송 인종 진상宋仁宗眞像

(15) 송 영종 진상宋英宗眞像

(16) 송 철종 진상宋哲宗眞像

(17) 송 휘종 진상宋徽宗眞像

(18) 송 흠종 진상宋欽宗眞像

(19) 남송 고종 진상南宋高宗眞像

(20) 송 영종 진상宋寧宗眞像

(21) 송 이종 진상宋理宗眞像

(22) 송 도종 진상宋度宗眞像

전통문화연구회 도서목록

◆ 基礎漢文教材 ◆

사자소학	성백효
추구·계몽편	〃
명심보감	〃
동몽선습·격몽요결	〃
주해천자문	〃

◆ 東洋古典國譯叢書 ◆

논어집주	성백효
맹자집주	〃
대학·중용집주	〃
시경집전上·下	〃
서경집전上·下	〃
주역전의上·下	〃
소학집주	〃
고문진보 후집	〃
해동소학	〃
효경대의	정태현
황제내경소문·영추	홍원식

◆ 漢字漢文教育叢書 ◆

한자교육新講	이응백 외
韓中한문연원	이응백
교양인을 위한 한자·한문	김기창
한자교육시험백과	김종혁
실용교양한문	이상진
한문과 교육과정 변천과 내용 체계 연구	원용석
한문과 교수-학습 모형	김재영
한자 자원 교육론	한은수
한자한문교육논총上·下	정우상

◆ 教授用 指導書 ◆

사자소학	함현찬
추구·계몽편	〃
격몽요결	〃
주해천자문	이충구
명심보감	이명수
동몽선습	전호근

◆ 東洋古典譯註叢書 ◆

춘추좌씨전1~8	정태현
장자1~4	안병주·전호근·김형석
고문진보 전집	성백효
심경부주	〃
근사록집해1~3	〃
통감절요1~9	〃
예기집설대전1	신승운
당시삼백수1~3	송재소 외
설원1~2	허호구
동래박의1~2	정태현·김병애
안씨가훈1~2	정재서·노경희
대학연의1~5	신승운 외
십삼경주소	
논어주소1~3	정태현·이성민
상서정의1~4	김동주
주역정의1~3	성백효·신상후
모시정의1~2	박소동
예기정의 - 중용·대학	이광호·전병수
효경주소	정태현·강민정
당송팔대가문초	
한유1~2	정태현
구양수1~4	이상하
왕안석1~2	신용호·허호구
소식1~5	성백효
소철1~3	김동주
소순	이장우 외
증공	송기채
유종원1~2	송기채
무경칠서직해	
손무자·오자	성백효·이난수
육도·삼략	성백효·이종덕
울료자·이위공문대	성백효·이난수
사마법	성백효·이난수
사정전훈의 자치통감강목1~10	성백효 외

◆ 기 타 ◆

초등학교 漢字1~4단계	정우상 외
경전으로 본 세계종교	길희성 외
창세기 역주	방석종